CONSIDÉRATIONS

SUR LES

CONSTITUTIONS DÉMOCRATIQUES,

ET EN PARTICULIER

SUR LES

CONSÉQUENCES DE LA CHARTE PORTUGAISE,

PAR RAPPORT A LA POLITIQUE DE L'ANGLETERRE ET DE L'EUROPE.

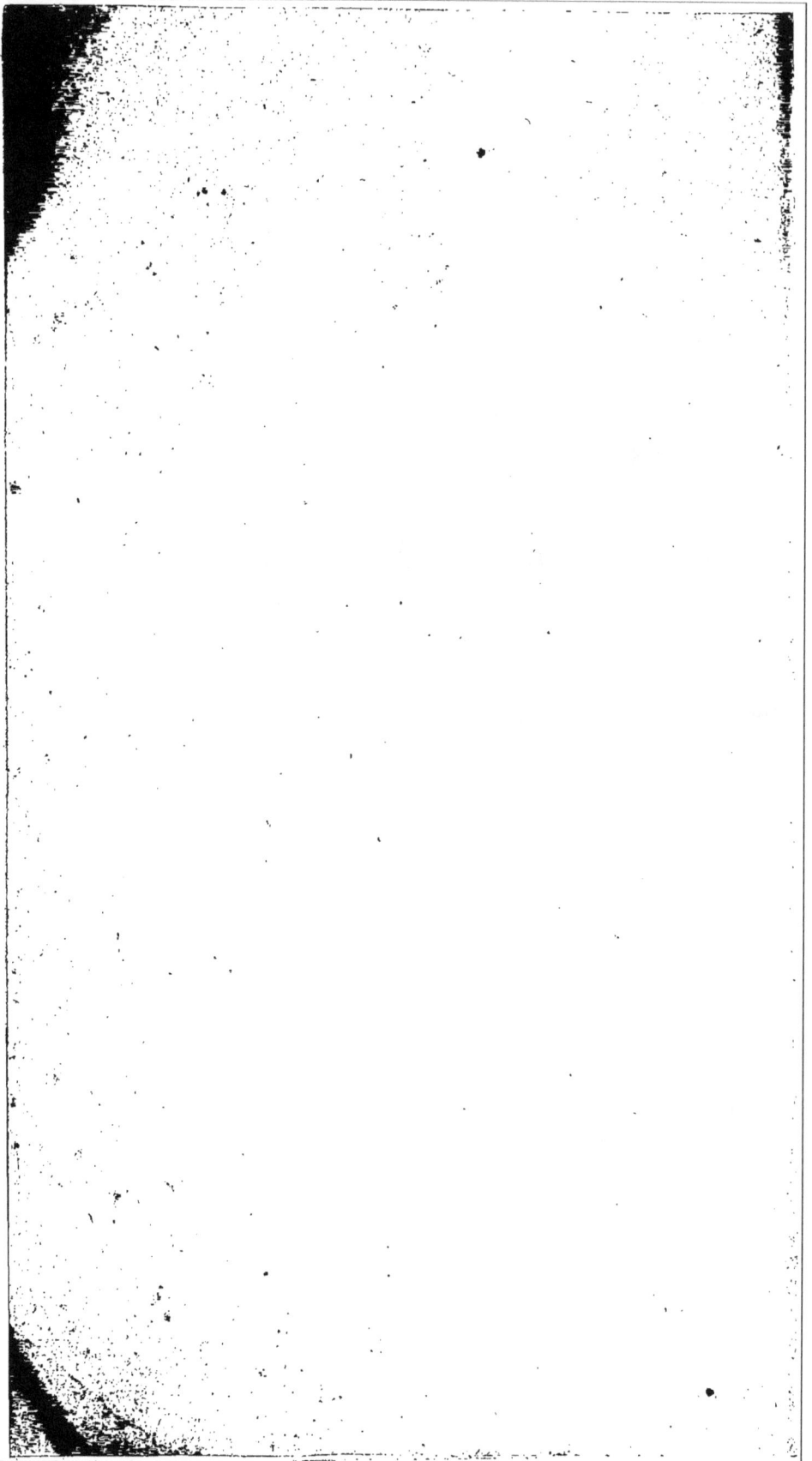

CONSIDÉRATIONS

SUR LES

CONSTITUTIONS DÉMOCRATIQUES,

ET EN PARTICULIER

SUR LES

CONSÉQUENCES DE LA CHARTE PORTUGAISE,

PAR RAPPORT A LA POLITIQUE DE L'ANGLETERRE ET DE L'EUROPE.

PAR M. LAURENTIE.

A PARIS,

A LA LIBRAIRIE CLASSIQUE,

RUE DU PAON, N°. 8;

ET AU BUREAU DU MÉMORIAL CATHOLIQUE,

RUE CASSETTE, N°. 35.

1826.

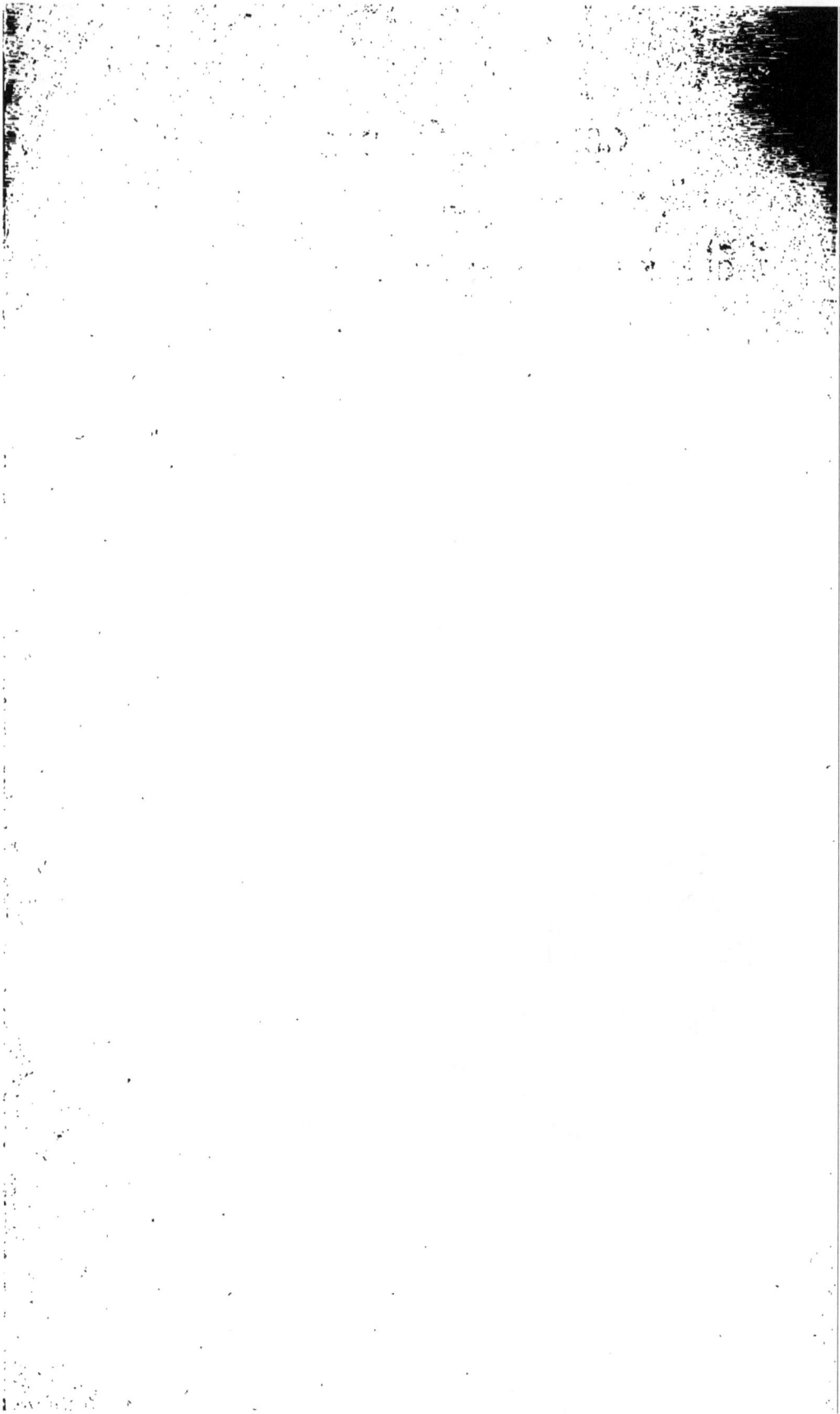

CONSIDÉRATIONS

SUR LES

CONSTITUTIONS DÉMOCRATIQUES,

ET EN PARTICULIER

SUR LES

CONSÉQUENCES DE LA CHARTE PORTUGAISE,

PAR RAPPORT A LA POLITIQUE DE L'ANGLETERRE ET DE L'EUROPE.

CHAPITRE PREMIER.

Sujet de cet Écrit.

L'EMPEREUR du Brésil, don Pedro Ier, a changé par deux actes qui portent à peu près la même date tout l'ordre politique du Portugal. Il a commencé par lui concéder une charte constitutionnelle; il a ensuite renoncé à ses droits de souverain, et il a établi reine de ce pays, la princesse dona Maria da Gloria, sa fille, âgée de sept ans.

Ces actes, d'une importance très-considérable pour l'Europe, ont appelé soudainement l'attention des politiques sur le Portugal. On a pensé un peu plus aux révolutions que don Pedro avoit déjà opérées dans le nouveau monde. Don Pedro étoit fils aîné du dernier roi. Il avoit profité d'un voyage que Jean VI avoit fait dans son royaume d'Europe, à l'époque de ses

1

premiers troubles constitutionnels , pour s'emparer
de la couronne du Brésil et dicter des lois à son père.
Cette révolution du Brésil fut singulière ; elle eut l'air
de sauver cette grande partie du nouveau monde de
l'invasion des doctrines anarchiques et républicaines :
l'ancien monde feignit de ne pas voir que c'étoit une
usurpation odieuse. Ainsi les cabinets de l'Europe ne
témoignèrent rien de bien marqué sur cet événement,
qui sembloit sauver un trône au milieu des vastes agitations , des congrès , des révoltes , des constitutions de
tout genre qui remuoient le nouveau continent: les
révolutionnaires, de leur côté, ne manifestoient ni de
grandes joies , ni de grandes inquiétudes ; et si la révolte d'un fils contre son père offroit une douce image
à leurs pensées, une constitution impériale qui laissoit au jeune usurpateur le droit d'aller punir des ré-
voltés et de s'armer contre des républiques , ne leur
offroit pas encore d'assez consolantes espérances.
L'histoire, cependant, écrivoit dans ses annales ces
changements pleins de mystère, et recueilloit tout ce
qui pourroit quelque jour en dévoiler l'injustice ou
l'odieux.

Ce prince obtint bientôt un traité avec son père ,
qui consacroit son usurpation. Il falloit bien se soumettre à la nécessité des choses. Don Pedro gardoit
son empire indépendant , Jean VI restoit roi sa vie
durant: arriveroit ensuite ce qui plairoit à la sagesse
de son fils. Et nous voyons maintenant ce qui devoit
arriver.

Il ne falloit pas avoir beaucoup de pénétration
pour juger que les Anglais étoient les principaux auteurs de la politique ou plutôt de l'intrigue qui mettoit
hors du trône du Brésil le roi Jean et sa famille. On
avoit vu se former en Portugal un parti puissant, sou-
tenu par la reine, et ayant pour instrument principal
le prince don Miguel son fils. Ce parti vraiment national, qui se proposoit de mettre le roi à couvert
des manœuvres étrangères et de l'oppression, fut
vaincu par l'imprévoyance du monarque, qui prit les
intrigues anglaises pour de la protection, et qui, n'étant
éclairé par aucun cabinet de l'Europe sur la vraie politique qui convenoit à son indépendance, se livra aux
ennemis de sa gloire, et tomba dans un système qui
sembloit annoncer la fin des destinées de la noble famille de Bragance. La reine fut éloignée des affaires ;
don Miguel alla voyager dans les cours de l'Europe,
et les intrigues purent sans obstacle s'agiter autour du
palais de Jean, et se préparer d'avance à déshériter
sa famille.

C'est dans cet état de choses qu'on a vu cet empereur du Brésil, dont la couronne avoit été arrachée
du front de son père, envoyer des confins du nouveau
monde une constitution au royaume de Portugal, et
abdiquer ensuite en faveur d'un enfant. Double événement dont il s'agit de considérer les conséquences,
non pas seulement par rapport au Portugal, mais
encore par rapport à l'Europe entière, dont les intérêts sont aujourd'hui liés à la destinée du moindre de

ses royaumes, et qui peut être ébranlée par la plus foible secousse imprimée à un trône.

A cet examen se rattachent des considérations générales sur les dispositions présentes de la société, et sur les nouveautés politiques qui sont partout offertes à l'avide ignorance de la multitude. Elles serviront à éclairer davantage le sujet principal de cet écrit : elles soulèveront peut-être quelques haines de plus ; mais aujourd'hui il faut s'attendre aux animosités, même lorsqu'on a soin de ne pas choquer les passions personnelles ; et une opinion libre, malgré la liberté des opinions, est ce que les hommes des partis peuvent le moins supporter.

CHAPITRE II.

Réflexions sur les dispositions des esprits au temps présent.

On ne gagneroit rien à se faire illusion sur le triste mouvement qui emporte aujourd'hui la plupart des esprits; et il seroit, d'un autre côté, difficile de paroître exagérer ce qu'il y a de dangereux dans cet entraînement rapide des sociétés.

Un besoin extrême de liberté, un amour aveugle de choses nouvelles, un désir insatiable de domination ou de richesses, voilà ce qui tourmente également tous les hommes, ceux qui emploient à satisfaire ces vœux ardents et outrés des moyens nobles et légitimes, aussi bien que ceux qui tentent avec témérité la fortune et qui saisissent au hasard tous les moyens favorables à l'ambition ou à la cupidité. Cette agitation est la même dans toutes les classes; elle ébranle les classes élevées, et elle enflamme les classes inférieures. Une égale activité et une même impatience des choses présentes agitent à-la-fois ceux qui sont nés dans les grandeurs, et ceux qui sont nés dans la misère. Et la même cause enfante ces grandes et diverses agitations : c'est une instruction superficielle, mais partout répandue, qui n'est pas assez profonde pour apprendre aux hommes à supporter les privations de la vie humaine et à vaincre les penchants du cœur, mais qui est trop avancée pour leur permettre de rester immobiles dans les places où Dieu les a fait tomber. Et tous, par ce sentiment de confiance qu'ils ont dans leurs lumières, veulent également prendre part au mouvement de la société, les uns pour avoir de la gloire, les autres pour avoir de l'or ; et aucun d'eux n'imagine qu'il soit destiné à avoir des maîtres qui lui commandent ou des supérieurs qui lui imposent. De là une inconstance extrême dans les goûts et dans les besoins ; de là aussi une rapidité singulière dans les événemens qui changent la fortune des États et des particuliers. Le monde offre à chaque moment une face nouvelle. Les ambitions se pressent ; les rangs sont serrés parmi cette multitude infinie d'hommes qui veulent commander aux autres. On se pousse, et l'on se renverse dans les hautes régions de la politique ; et toujours, dans cette inconstance et dans cette variation des faveurs et des disgrâces, une seule chose reste constante et perpétuelle, c'est l'agitation violente et impétueuse qui trouble le monde au dehors et flétrit le cœur au dedans : telle est la partie de la société qui dirige ses vœux vers la domination.

D'autres cherchent une supériorité différente. Ils veulent se venger de la soumission par l'opulence. De là des entreprises téméraires, des efforts extrêmes, de grands coups de hasard, des moyens périlleux de fortune. *On tourmente la terre et les mers* pour leur

ravir des secrets de s'enrichir à l'improviste. L'industrie passe ses nuits et ses jours à créer des nouveautés.
On cultive les sciences dans l'espérance de leur arra-
cher quelque moyen inconnu de faire de l'or; et dans
cette immense agitation, on n'a guère le temps de
songer à rester fidèle aux lois de l'honneur et de la
probité. On a hâte de faire fortune; la vie est courte :
qu'importent les moyens? Aussi l'on verra des banqueroutes effrayer à chaque moment ce qui reste de
bonne foi. Qui sait? les banqueroutes même seront
un moyen de plus de devenir riche, et l'on verra l'in-
famie devenir le comble de l'habileté, et le vol et le
pillage compris au nombre des progrès de l'industrie.

Voilà donc deux classes distinctes dans la société :
l'une qui se précipite après la puissance, l'autre qui
s'épuise pour avoir de l'or. Et c'est peu que chacune
d'elles donne le spectacle de rivalités ardentes et
d'inimitiés inconciliables entre les hommes qui suivent la même carrière. Une égale rivalité et des inimitiés plus vives encore existent entre ces deux classes
mêmes, c'est-à-dire entre des hommes qui n'ont rien
de commun dans leurs espérances et leur ambition.
L'orgueil humain a de grands mystères. Ceux qui
amassent de l'or ne pardonnent pas à ceux qui préfè-
rent les honneurs et la puissance; et peut-être ceux-ci
envient-ils l'opulence de leurs rivaux. De là des haines
profondes. On s'attribue réciproquement des pensées
odieuses; la société présente partout un combat de
vanités. Et sans doute il faut bien dire que ces deux

sortes d'ambitions que nous voyons se choquer, peuvent, selon les temps, devenir également périlleuses pour la société. Mais pour peu que l'on ait réfléchi sur les mœurs présentes, on verra bien que le danger aujourd'hui ne vient que d'une seule, et ce n'est pas de celle qui s'attache aux grandeurs. Les puissants de la terre ne sont en effet dangereux que dans des temps où la multitude est grossière, l'autorité sans règle et les lois muettes : c'est alors que l'aristocratie peut tout envahir, et enchaîner même le monarque sur son trône. Ces choses ne se voient plus depuis que Louis IX a soumis tous les sujets à la loi, et Louis XI au despotisme; depuis que la dureté de Richelieu a humilié les vieux barons de la monarchie devant le trône de Louis XIII, et que Louis XIV les a tous vus tomber devant sa gloire. Je ne parle pas de la révolution qui, venant à la suite des bienfaits de nos rois, n'a pu rien ajouter à leur ouvrage, si ce n'est de tout détruire et de tout immoler, comme pour montrer la différence qui existe entre la liberté qui vient du trône, et la liberté qui vient de la révolte. Comment donc imaginer et dire que, dans cet état de choses, ce soit l'aristocratie qui soit aujourd'hui menaçante ? Ce seroit une insultante moquerie. Les moralistes peuvent toujours reprocher aux hommes leurs vanités; mais avouons que la vanité de ceux qui ont tout perdu et qui n'ont plus que la vaine gloire de leurs souvenirs, n'est pas ce qui peut faire trembler aujourd'hui les politiques.

Qu'est-ce donc qui peut éveiller leurs sollicitudes et justifier leur terreur? C'est cette autre vanité de l'opulence qui, ne pouvant se rassasier à force d'entasser des trésors, garde toujours une envie secrète pour ceux qui sont placés au-dessus des autres hommes et qui exercent le commandement. Et ce n'est point ici une haine stérile et sans moyens d'action : elle s'adresse à toutes les passions populaires, et elle a pour instruments ces milliers de bras des multitudes qui n'aiment pas non plus l'obéissance, et qui entendent d'une oreille si empressée les discours qu'on leur adresse contre la domination. Aussi voit-on de toutes parts la démocratie s'animer pour prêter secours à ces vanités, impatientes du pouvoir. Partout se manifeste une mortelle irritation; et l'envie est cruellement secondée par cette dépravation des mœurs publiques, qui ne peut supporter la pensée de l'ordre, par cette instruction à peine commencée et pire qu'une ignorance brutale, et par cette incrédulité descendue dans les chaumières avec des extraits de nos philosophes : ce sont là de merveilleuses dispositions pour accoutumer la multitude à détester le commandement et toutes les sortes de supériorités.

Joignez à ce caractère universel du siècle les moyens particuliers d'action que les ennemis de l'ordre ont partout sous la main. Des sociétés secrètes formées dans toute l'Europe font mouvoir, au moindre signal, des masses prodigieuses de fanatiques : tous les jours, ces sociétés font des progrès

nouveaux ; elles recrutent parmi la jeunesse des
écoles, et même dans les rangs des armées, les
têtes les plus ardentes. Il y a de quoi frémir,
lorsqu'on apprend les préparations par lesquelles on
dispose les adeptes à participer aux révolutions. La
France est couverte de ces asiles mystérieux. On a
vu que l'Allemagne et l'Italie en sont également
menacées ; et la Russie vient d'éprouver que ses
immenses déserts et sa puissance formidable ne
l'en mettoient pas à l'abri. Toute l'Europe recèle
de ces réunions secrètes où l'on apprend aux
peuples à haïr l'autorité. C'est au nom de la liberté qu'on veut détruire l'ordre ; et ces sociétés
ténébreuses sont d'autant plus ardentes, qu'elles
n'aperçoivent nulle part une société publique qui
leur oppose sa force, ses liens, et une grande volonté
de se conserver et de se défendre.

Ce n'est point le lieu d'étendre ce tableau des
mœurs sociales. Chacun voit assez que la foiblesse
règne partout. Le monde n'offre que des êtres isolés,
et sans lien commun de croyances ou d'intérêts ; par
conséquent chacun suit ses penchants et son ambition : de là un désordre extrême dans les pensées ;
et comme les révolutions politiques des peuples ne
sont rien autre chose que l'intérêt privé des individus mis à la place de l'intérêt universel de la société,
on peut prévoir que l'Europe, avec sa liberté d'o-
pinions et son infinie variété de pensées, peut, à
chaque moment, être ébranlée par des secousses

mortelles, et que l'ancien ordre de choses peut facilement être remplacé par un ordre nouveau, mais
inconnu, et qui seroit fatal à la religion, aux mœurs,
aux monarchies, à tous les droits enfin depuis si
long-temps consacrés.

CHAPITRE III.

De la Liberté de la Presse.

———

Il faudroit être bien aveugle ou bien téméraire pour ne pas comprendre que la puissance la plus formidable que les amis de ces choses nouvelles aient dans leurs mains, c'est la liberté de la presse. Nous venons de contempler une société corrompue, dont tous les membres, enflés par une instruction vaine et d'autant plus orgueilleuse, ne veulent suivre que leurs propres lumières. Cette société, à peine contenue par des lois qui par la dépravation des pensées publiques deviennent inexécutables, si elles sont bonnes, et paroissent conséquemment comme quelque chose de monstrueux; cette société se trouve environnée de docteurs qui, sur chaque objet qui intéresse l'honneur, la foi, la piété, la morale, le commandement, l'obéissance, les devoirs, la fidélité, proposent avec une égale assurance les doctrines les plus contraires. A chaque heure du jour, le peuple assemblé entend des dissertations opposées sur tout ce qu'il y a de plus essentiel. L'impiété a ses chaires publiques. L'athée peut braver Dieu en le niant, et le déiste peut l'insulter en lui refusant des hommages. Le cynisme et la débauche se joignent à l'impiété. Mille écrits obscènes, où les objets sacrés de la foi chrétienne servent de sujet aux conceptions les plus hideuses, sont distribués à vil prix dans la populace; et où s'arrête la populace pour la lecture de ces saletés? Le monde poli n'a peut-être pas une idée bien juste de cette cruelle dépravation. Il faut avoir du courage pour fouiller dans ces infamies. Je l'ai eu ce triste courage, et j'ai frémi d'horreur, seulement à l'aspect des titres de près de trois cents livres affreux, que la grossière impiété de nos derniers temps a jetés avec profusion parmi le peuple, et où l'impudicité des récits le dispute à la brutalité des doctrines. Ces livres sont partout, dans les cabinets de lecture des grandes cités et dans les chaumières des pauvres hameaux. Envoyez après cela des pasteurs et des missionnaires pour prêcher l'Évangile et la chasteté, la bonne foi et la soumission à un peuple qui lit de ces sortes d'infamies! Le malheureux qui couvre la terre de ses sueurs a trouvé un autre genre de consolations dans ces lectures perverses. Le voilà dans son réduit, livré à ses brutales pensées. La nature, pour lui, est vide et affreuse. Dieu n'est plus là pour lui donner l'espérance. La volupté seule, c'est-à-dire des plaisirs hideux, viendront consoler ses travaux; et, lorsque ces plaisirs échapperont à sa caducité précoce, le crime, le meurtre peut-être, lui seront une volupté de plus : et voilà l'explication de ces récits abominables, de

ces raffinements d'homicide , de ces suicides médités
avec une sorte de joie, qui épouvantent si souvent
notre siècle. L'homme , sans Dieu , meurt avec l'affreuse impassibilité d'une bête : je parle de l'homme
que ses voluptés ont dégradé au point de lui faire
perdre le souvenir de son maître et de son juge.
Philosophes , qui corrompez le monde avec une horrible préméditation , cet horrible calme n'est pas
pour vous , et il y a une grande justice qui veut
qu'il vous reste toujours assez de votre ancienne
raison pour que la mort déchire encore votre conscience !

Mais si les livres d'une impiété cynique produisent
ces tristes effets dans les classes grossières, il y a
des livres d'une impiété plus polie pour les classes
plus élégantes. Ici on s'exerce à pervertir les esprits
aussi bien que les mœurs. La raison est fière. On
flatte son orgueil. On s'accoutume à mépriser tout
ce qui est ancien et à secouer le joug de toute sorte
d'autorité. On laisse toujours aux passions toute leur
liberté; mais on veut surtout consacrer la liberté des
opinions , de sorte qu'il n'y ait rien de vrai dans le
monde , rien qui soit de nature à dompter les résis-
tances de l'esprit de l'homme. Ceci est d'abord funeste dans les choses de la religion. On ne croit plus
à rien. Chacun est à lui-même sa propre règle , et ,
par une suite nécessaire , on regarde en pitié tout
ce qui tient à la foi. La religion est propre aux petits
esprits ; on l'abandonne à la multitude avec ses su-

perstitions, et l'on suit *sa raison* comme une loi suprême ; et, comme chacun a *sa raison*, rien n'est
admis universellement, si ce n'est le droit de ne rien
admettre que ce qu'on veut, c'est-à-dire de tout admettre ou de tout nier. Si ce n'est pas là l'anarchie
des esprits, l'enfer même ne nous en pourroit donner
une juste image.

Remarquons que ce désordre passe nécessairement
de la religion dans la politique. La politique, en
effet, est quelque chose de moral avant d'être quelque chose de matériel. Il y a des hommes qui ne considèrent dans la politique que des faits extérieurs et
des événements politiques. Mais qui ne voit qu'il y
faut, avant tout, considérer des devoirs ? Où y aura-
t-il des lois d'ordre et des règles immuables, s'il n'y
en a dans le gouvernement des sociétés humaines ?
Malheur aux chefs des nations, s'ils croyoient que la
politique n'est rien autre chose qu'un caprice, et qu'il
dépend de la volonté de l'homme de l'altérer ou de la
corrompre ! Et cependant il en faudra venir à ce dernier résultat, avec cette liberté d'écrire qui met tout
en doute : on ne sait plus s'il y a dans le monde une
vérité ; personne n'entend plus même le sens de ce
mot. La vérité, dit-on aujourd'hui partout, est rela-
tive. Quoi ! ce qui est vrai est relatif, c'est-à-dire peut
n'être pas vrai ? Oui, assure-t-on dans les livres ; et
on le croit ainsi. Ce qui est *vrai* pour un homme n'est
pas *vrai* pour un autre ; ce qui est *vrai* pour un peuple n'est pas *vrai* pour un autre peuple. La politique

surtout n'a rien de certain. Il n'y a qu'une chose qui soit positive, ce sont les intérêts; on établit donc une politique d'intérêts? Mais les intérêts, qui les définit? Chacun a les siens. L'un trouve son intérêt dans la monarchie, et l'autre le trouve dans la république; celui-ci rêve des états mixtes, celui-là une démocratie toute pure. Il est difficile d'entendre un intérêt véritable au milieu de tant d'intérêts qui se choquent. Depuis l'industriel, qui ne conçoit pas la prospérité d'un pays sans pompe à feu, jusqu'aux rêveries d'un vieux général qui ne conçoit pas la liberté sans Bonaparte, chaque esprit poursuit sa chimère, et cela se conçoit. Mais ce qui ne se conçoit pas, c'est que dans un pays bien réglé et où il ne peut exister, au moins à la fois, qu'un seul ordre de choses bien établi, il soit permis, par une sorte de droit public, d'appeler, comme sur une place publique, tous ceux qui ont des intérêts contraires, et de leur faire entendre tour-à-tour ce qui peut enflammer leurs regrets ou leurs espérances, et par conséquent nourrir des haines et des dissensions. Comment ne pas voir que ce terrible droit doit finir par mettre la confusion dans le pays, y détruire l'amour de la patrie, y changer les cœurs, y semer enfin tous les germes de discorde et de ruine? L'histoire des sociétés n'avoit jamais offert un semblable exemple, et il est trop évident qu'il n'y a ni république ni monarchie qui puisse tenir contre ce désordre, ou, si l'on veut, cette liberté.

Ici, je n'entrerai pas dans la question particulière

des journaux. Je dois aimer naturellement les jour
naux ; j'y ai souvent combattu pour la religion et la
monarchie. Il me seroit donc facile de conserver pour
eux des préventions favorables ; et d'ailleurs , je serois
ingrat et injuste si je ne reconnoissois les services qu'ils
ont rendus et que quelques-uns rendent encore à la
cause des sociétés.

Cette affection pour quelques journaux , que je regarde comme un champ royaliste où l'on a bien voulu
m'ouvrir une tente, ne me fait point illusion sur le
danger d'une puissance qui remue chaque matin les
passions des partis. Il y avoit naguère un ministre qui
ne daignoit pas seulement s'apercevoir qu'il y eût des
journaux en France : cela dura quelque temps. Les
journaux ont de terribles moyens de troubler la sécurité d'un homme d'État : on le vit se réveiller soudainement , et chercher partout des abris contre les dangers qu'il avoit aperçus. Il faut le lui pardonner ; il
savoit enfin ce que c'est qu'un journal. Et qu'est-ce
donc qu'un journal, pourroient dire encore des hommes inattentifs ? C'est , à lui seul , une vaste assemblée
de dix mille , de vingt mille , de cent mille auditeurs.
Un orateur parle , et c'est avec d'autant plus d'autorité qu'il n'est pas contredit. Ce qu'il a dit hier, il le
dira demain , il le dira après-demain encore , il le dira
toujours , et sans doute avec des expressions nouvelles,
qui finissent par saisir toutes les pensées de ses auditeurs , par s'emparer de toute son intelligence. Si cet
effet est moins sensible à Paris , où le combat des opi-

2

nions est toujours présent et n'enfante à la fin que l'incertitude et l'indifférence, c'est-à-dire, une sorte de mort lente de l'intelligence, il se manifeste plus visiblement dans les provinces, où chaque lecteur s'identifie avec celui qui lui parle, et où les opinions ainsi échauffées dans l'isolement sont plus près de présenter l'aspect d'un vrai fanatisme.

Mais sans m'appesantir sur cette question des journaux, où je vois une source infinie de divisions, précisément parce qu'elle intéresse vivement les opinions personnelles et l'espérance des partis (1), toujours est-il vrai que la liberté de la presse, considérée dans son ensemble, est un droit formidable dans toute espèce de société. Le droit de la tribune, ce droit déjà si considérable par rapport à la royauté, est loin d'exercer la même influence, et la raison en est simple. Ici chaque orateur rencontre des adversaires ; et bien qu'il soit toujours périlleux de voir l'erreur parler avec autorité du haut d'une tribune, cependant les réfutations peuvent empêcher l'effet des sophismes. Mais rien de semblable dans la liberté de la presse : chaque opinion a toujours son triomphe, parce qu'elle combat seule ; et, comme elle trouve dans la société des

(1) Qu'on n'imagine pas surtout que, par ce peu de mots, j'indique une opinion favorable à la censure. La censure des journaux, dans un pays où la presse est libre, est la plus grande contradiction que l'on puisse offrir au bon sens des hommes. Je crois qu'il y a un moyen plus noble et plus vrai d'entendre la répression des abus de la presse. Ce n'est pas le lieu de l'indiquer.

convictions toutes prêtes à la saisir et à la défendre,
on voit bientôt des factions d'autant plus animées les
unes contre les autres qu'elles ne se connoissent que
par l'injure et la calomnie. La liberté de la presse est
un brandon de discorde; et si l'on dit quelquefois que
le peuple finit par s'accoutumer à voir avec calme les
luttes des opinions, c'est peut-être un autre mal plus
grave que celui des divisions. Qu'est-ce qu'un peuple,
en effet, qui ferme sa conscience aux vérités, qu¡
reste immobile et comme sans vie en présence des
dissensions qui ruinent la foi et toutes les croyances?
Que ce soit là le dernier résultat de la liberté d'écrire,
ou bien qu'elle conduise les factions à s'enflammer par
degrés, il est toujours aisé de voir que la liberté et
l'ordre peuvent bientôt périr dans une nation travaillée
par l'un ou l'autre de ces excès. Il faut mille maîtres
pour opprimer un pays dévoré par les dissensions: il
n'en faut qu'un pour enchaîner un peuple tombé dans
l'abrutissement et l'indifférence.

Voilà donc l'effet inévitable de la liberté de la
presse. Elle prépare les révolutions ou la servitude. Je
ne dis pas qu'il faut dix ou vingt ans, plus ou moins,
pour arriver à ces résultats; mais on y doit arriver
infailliblement, et par cette cause unique, en suppo-
sant qu'il n'y en ait pas d'autre. La religion commen-
cera par être détruite au fond des cœurs, et il n'en
restera dans les temples qu'un vain simulacre. Il n'y
aura rien de vrai dans les consciences, et aucune doctrine sociale n'aura été conservée dans ce renverse-

ment universel des croyances. Chaque peuple, chaque faction, chaque nuance de faction, chaque individu aura sa foi, ses idées personnelles, ses espérauces, ses ambitions : et par conséquent sa morale, ses devoirs, ses vertus, son honneur. On verra des hommes qui chercheront leur gloire dans l'assassinat : Louvel a donné l'exemple de ce genre de générosité et de sacrifice La révolte sera un acte de courage et les conspirations un héroïsme : Berton et ses imitateurs, jusqu'aux insensés qui montraient aux soldats du duc d'Angoulême le drapeau tricolore du haut des Pyrénées, s'annonçaient comme des vengeurs de la patrie et de la liberté. Et qu'on ne dise pas qu'il restera des hommes fidèles et des soldats intrépides. Il faut bien le croire, puisqu'il y aura des dissentiments dans les opinions. Mais qui vous a dit que les ravages de la liberté n'auront pas atteint les cœurs généreux ? Je doute qu'il y ait un cœur bien fait, qui soit long-temps à l'abri des mensonges et des calomnies qu'autorise la liberté de la presse, à moins qu'il ne soit guidé par une raison forte, ou par une grande connaissance des passions humaines. Qui n'en a fait l'épreuve ? et quel est l'homme de bien qui n'ait à gémir sur l'égarement d'un ami, d'un parent, d'un fils peut-être, par l'unique influence de cette liberté qui a tant de séductions diverses à présenter aux passions du jeune âge et à l'ignorance des peuples ? Et, après tout, il ne sert de rien de nier cette terrible influence. Tout le monde la reconnaît, celui qui la redoute aussi bien que celui

qui la chérit. Les philosophes la vantent comme un
bienfait, et c'est un bienfait pour eux en effet, puis
qu'elle détruit tout ce qu'il y a de ferme au fond des
consciences, puisqu'elle renverse même les trônes et
met en feu les plus grands empires. Et s'il y a des
hommes encore incrédules, il faut leur montrer la
révolution et ceux qui l'ont faite. Qui niera que l'a-
narchie morale des opinions n'ait précédé l'anarchie
sanglante de la France? Il y a une manière simple de
raisonner. Les amis de la révolution font honneur à
la liberté cynique des philosophes, du mouvement
imprimé à la nation pendant un siècle. Ce qui est
un mérite à leurs yeux, est un objet d'effroi pour les
amis de la monarchie; mais cette influence, admirée
des uns, redoutée des autres, est toujours le même
fait, et tous reconnaissent à la fois, mais avec le
sentiment qui est propre à chacun, qu'il y a dans la
liberté d'écrire une puissance qui ébranle les sociétés, qui renverse les lois et qui enfante de grandes
et d'interminables révolutions.

CHAPITRE IV.

La Monarchie a seule assez de force pour sauver la société du désordre.

Entre toutes les formes de gouvernement, il n'y a évidemment que la monarchie qui ait en elle-même la force suffisante pour arrêter la marche d'une société ainsi poussée vers le désordre. La république la favorise bien plus qu'elle ne peut la modérer; et cela n'a pas besoin de démonstration, puisque le principe même de la république, sous quelque image qu'elle se présente, c'est cette liberté extrême de tout penser et de tout publier, qui fomente les factions et allume les guerres civiles.

On nous montre aujourd'hui de toutes parts un nouveau monde qui semble naître avec des pensées toutes républicaines, et l'on nous dit qu'il faut céder à cette nécessité des choses, plus puissante que tous les raisonnements et que tous les vœux. Mais s'il est vrai que telle soit la destinée nouvelle de l'univers, de tomber sous l'empire des doctrines démocratiques, qu'est-ce à dire, sinon que la perversion des esprits et des cœurs a rendu l'anarchie inévitable? Il ne faut point se glorifier d'une si affreuse nécessité. Il y a

de profonds secrets dans les volontés de la Provi-
dence, et nous ne savons ce qu'elle réserve d'épreuves
à des nations dégradées par l'impiété. Mais au moins
on peut bien dire que la république établie au milieu
de ces mœurs nouvelles et de ces opinions désordon-
nées, ne feroit que consacrer le désordre. Il faut plus
de force qu'il n'y en a dans ces gouvernements populaires, où toutes les choses sont constamment dou-
teuses, et où tout est bien ou mal, suivant le caprice
et l'alternative des majorités, pour conserver même
une apparence extérieure de fixité et d'ordre parmi
ce tumultueux conflit des opinions et des intérêts qui
poussent l'État vers sa ruine. La monarchie seule a
dans sa nature cet esprit de vie et cette perpétuité
de principes qui déconcertent l'anarchie; et voilà
pourquoi, même dans les temps qui n'ont rien de
notre dégradation, la république est contrainte
d'imiter l'action une et toujours présente de la monarchie, soit en donnant les faisceaux à un dictateur,
soit en livrant à une autorité permanente ce droit absolu de commandement, auquel nul État ne sauroit
échapper sans tomber dans le chaos.

Si donc il y a dans le monde un certain penchant
vers la république, il faut d'abord reconnoître qu'il
ne vient que de l'esprit de révolte que la liberté des
opinions a répandu dans toutes les contrées de l'univers. Mais il faut voir aussi que cette maladie de
l'orgueil, qui ne souffre point de maître, a son remède dans ses propres excès. On abandonne la mo-

narchie pour les formes démocratiques : et bientôt on
revient à l'autorité d'un maître ; le plus souvent on
y revient tout meurtri des coups de quelque grande
révolution ; souvent aussi quelque monstre de despotisme sort des ruines de l'anarchie. Mais il faut bien
que Dieu ait ses moyens de faire éclater la justice, et
il n'a point établi la société humaine pour qu'il n'y
règne que des désordres.

Elle est donc bien triste cette espérance des politiques, qui nous montrent dans le lointain ces républiques du nouveau continent, comme un sujet de
joie, et comme l'accomplissement des plus beaux
rêves ! et après tout, des empires d'un jour méritent-
ils d'être placés à côté de ces vieux États perpétués
dans les temps anciens ou dans les temps modernes
par l'habitude des vertus et de la soumission ? Comment ce mot de république peut-il encore ébranler
l'imagination des peuples ? L'expérience n'est-elle
donc pas une leçon ? Parmi les trente siècles d'histoire
de l'antiquité, nous apercevons deux républiques se
débattre au milieu des désordres. L'une d'elles, à la
vérité, devint la maîtresse du monde, mais par cette
force de commandement qui transportoit dans les
camps la royauté bannie du forum ; et l'autre, tour-à-
tour esclave et maîtresse, nous montre à peine deux
cents ans de vie. Et autour de ces républiques le
plus souvent tourmentées par d'affreuses proscriptions, le monde nous montre de vastes empires, d'immenses cités, d'heureuses régions, soumis au sceptre

des rois. L'empire des Assyriens, celui des Perses, celui des Mèdes, le royaume d'Égypte, étoient illus- tres par leur puissance et par leurs lumières. La durée de plusieurs d'entre eux confond même la pen- sée de nos siècles si légers et si amis des choses nou- velles. Comment donc expliquer cette prédilection si vive qui nous entraîne vers les souvenirs des républi- ques anciennes, si ce n'est par la fausse direction don- née à toutes nos pensées par une première éducation, lorsqu'à l'aspect des beaux écrits que nous devons à leurs orateurs et à leurs poètes, on nous accoutume si légèrement à admirer leurs vertus farouches et à imiter leur turbulente liberté. Il ne faudroit pas ce- pendant un grand effort de raison pour apprendre aux hommes qu'on est chargé d'instruire, que cet état de choses toujours agité est contraire au bonheur de l'humanité et à sa nature même. Et combien, à plus forte raison, ces essais nouveaux de république que les novateurs jettent dans nos temps de corruption de- vroient céder aux raisonnements et à l'expérience ! l'antiquité a ses souvenirs vénérables, et l'on par- donne aux admirateurs de Démosthène, de transporter toutes leurs pensées et toutes leurs émotions sur les places publiques d'une démocratie gouvernée par la parole de ses tribuns. Mais quels enchantements peu- vent se montrer autour du berceau de ces républiques misérables du nouveau continent, qui se forment par la foiblesse de l'ancien, et qui n'offrent que l'aspect de quelques chefs de barbares qui ont assez appris la

langue de la civilisation moderne pour imiter ses
cris de liberté? Les républiques nouvelles ne sont pas
même des États. Elles paroissent fières, parce que nul
ne va les troubler. Mais elles n'ont ni administration
publique, ni impôts réglés, ni armes, ni soldats; elles
n'ont que des emprunts : c'est la seule chose qui ne
manque jamais à personne dans ce temps-ci. On a fait
grand bruit de la Colombie depuis quelques années.
La voilà qui fait banqueroute, et c'est un beau
commencement pour un empire. La voilà de plus
déchirée par un chef de sauvages, qui détache de ses
États la province de Venezuela. On verra si des peu-
plades régies par le sabre d'un libérateur sont plus
heureuses au milieu des dissensions et des guerres intestines , que lorsqu'elles recevoient la loi d'un monarque chrétien. On verra même si cette liberté promise par la révolte résiste long-temps à l'ambition de
mille factieux ou à la vénalité de quelques sénateurs.
Il y a plusieurs manières de mettre fin à la vie des républiques. Il manqua de l'or à Jugurtha pour acheter
Rome , mais l'épée de César étoit toute prête; et avant
d'arriver à ce dernier terme des États républicains,
combien de déchirements ils ont à subir par l'ambition des tribuns et par les guerres des factions! Qu'on
ne nous parle donc plus de ces jeunes essais d'indépendance , qui jusqu'ici ne sont que de vraies révoltes
sous de beaux noms. A peine quelques années sont
passées sur ces congrès de l'Amérique républicaine ,
et l'on proclame déjà leur victoire , comme si la

durée des empires se mesuroit comme la vie des in-
sectes. Cette confiance n'est pas même justifiée par
les succès tout modernes de l'empire des États-Unis,
qui doivent ce qu'ils ont de force à des mœurs tout
aristocratiques, à de fortes habitudes d'autorité, et
même à des institutions qu'une monarchie dominatrice
y avoit empreintes, mais qui, après tout, n'ont pas acquis dans l'histoire cette autorité de la vieillesse qui
est du moins un droit pour la plupart des grands empires de notre Europe.

Et quoi qu'il en soit de ces questions, qui ne sont
claires que pour celui qui mesure et calcule souverainement la vie des êtres, il est toujours permis de voir
par les seules lumières de la raison, que ces gouvernements démocratiques enfantés par l'esprit de révolte,
n'ont rien en eux-mêmes pour résister à ce besoin de
choses toujours nouvelles, qui dévore tous les États,
la monarchie, comme la république. Et tout au contraire, par cela même que la révolte a produit ces républiques, la révolte doit s'y perpétuer comme un
droit. Il n'y a que les gouvernements fondés sur la pensée dogmatique et sacrée de la légitimité qui trouvent
en eux-mêmes la puissance de se protéger. Ils existent
par un droit antérieur à toutes les nouveautés de la
politique : ils sentent donc leur droit de les juger et
de les réprimer lorsqu'elles les troublent dans leur
existence. Et quelle force ne donne pas le sentiment
du droit? La monarchie légitime est puissante par son
principe, tant qu'elle veut lui rester fidèle. Il faut seu-

lement qu'elle croie à elle-même; elle trouve les peuples tout disposés à y croire plus encore, parce qu'il y a dans la nature de l'homme, au milieu de toutes ses passions, une certaine soumission, je dirai presque une sorte d'adoration pour le pouvoir qui ne descend pas de sa hauteur. On ne trouve rien de semblable dans les formes républicaines; et lorsqu'on dit que la république est dans les besoins du temps présent, on fait preuve d'une grande ignorance et d'une grande légèreté; c'est tout le contraire qu'il faudroit dire: car si les passions du temps présent poussent les hommes vers ce qu'on appelle la liberté, les besoins de la société ne peuvent être satisfaits que par la monarchie. Ou bien ce seroit la première fois que la politique auroit posé pour règle de s'abandonner au penchant de la corruption. Triste remède aux maux de la société que de les aigrir davantage! Le remède de la révolte c'est l'autorité, et il n'y a d'autorité que dans la monarchie.

CHAPITRE V.

Les constitutions démocratiques ôtent cette force à la
Monarchie.

Lorsque je parle de la monarchie, j'entends la
monarchie souveraine, et non point la monarchie
affoiblie et défaite par des lois démocratiques. Depuis
un demi-siècle on a voulu tout soumettre aux règles
nouvelles imaginées pour le gouvernement des sociétés. On a établi une sorte de droit social extraordinaire et nouveau, qui fait dériver la puissance du
sujet, et Dieu même de l'homme, chose mons-
trueuse à penser, et qui montre qu'avec notre grand
progrès dans les sciences, notre intelligence s'est
singulièrement affoiblie, puisqu'elle ne comprend
pas les idées si simples de pouvoir et d'obéissance.
Le pouvoir, en effet, pour notre foible raison, c'est
le despotisme; et l'obéissance, c'est la servitude : nous
inventons alors d'autres droits. Celui qui obéit, c'est sans
doute le peuple, ou personne. Eh bien, nous voulons
que ce soit le peuple qui commande; mais comment
le peuple peut-il commander? Ensuite, qu'est-ce que
le peuple? et comment manifeste-t-il le commandement? cela n'embarrasse pas les politiques; ils ont
conçu que toute puissance venoit de la volonté du

peuple. De savoir comment le peuple a en soi cette puissance ; comment il la communique, comment il la retire : c'est une chose qui leur paroît peu essentielle à entendre. La règle de salut, c'est de croire aveuglément ces choses, de les poser comme un principe de toute législation, et de faire reposer la royauté même sur cette doctrine. Or, je dis que ce n'est pas une telle royauté qui trouve en elle la force de combattre les révolutions ; elle-même est une révolution : car elle détruit par-là sa propre nature ; elle se renverse elle-même. Ces choses ont été dites assez souvent et avec assez d'éloquence : pourquoi les répéter encore ? Mais ce qu'on ne sauroit jamais trop dire à un peuple léger et oublieux, c'est que ces altérations, si profondes dans l'essence de la royauté, ne se font que par suite d'une altération semblable dans l'essence de la religion. Il faut toujours rappeler les tristes rapports qui existent entre les nouveautés de notre démocratie moderne et les nouveautés de la réforme du seizième siècle. Dans l'une et l'autre révolutions, c'est la souveraineté de la raison qui est mise à la place de la souveraineté de Dieu. L'homme veut commander au lieu d'obéir ; le joug pèse à son orgueil ; de là ses révoltes : d'un côté, il enfante les hérésies ; de l'autre, les constitutions populaires ; et des deux côtés, ce sont des dissensions égales et de semblables désordres. Pendant que le protestant parcourt le cercle de mille erreurs, et rejette tour-à-tour toutes les croyances chrétiennes

pour s'arrêter incertain au dogme du déiste, le politique parcourt d'autres abîmes et tombe des agitations de la liberté dans les proscriptions de l'a-
narchie. Qui n'a vu dans l'histoire ces grands
exemples? Il ne faut aujourd'hui qu'ouvrir les yeux
pour s'apercevoir de cette marche des révoltes humaines : elles se tiennent, elles marchent ensemble; et, de même que la réforme ne put s'établir
sans exciter après elle un certain mouvement répu-
blicain qui fit souvent trembler les trônes, de même
les constitutions démocratiques ne peuvent aujour-
d'hui s'annoncer au monde sans faire entendre au
fond des consciences un cri de liberté funeste au catholicisme, tant il est vrai que cette religion catholique, décriée par les philosophes, se lie intimement
à la royauté. Je ne sais quelle alliance mystérieuse
existe entre ces deux puissances et semble attester
ainsi leur même origine. Qu'on m'explique donc à
présent les préventions que certains amis des rois
veulent faire tomber sur le catholicisme? On diroit
que c'est lui qui est redoutable pour les couronnes.
On l'accuse de menacer l'indépendance des trônes,
d'envahir la puissance souveraine. N'y a-t-il pas quelque dérision dans ces sortes de terreurs? S'il y a
quelque chose de conservateur pour la souveraineté,
c'est bien assurément le dogme religieux qui la rend
sacrée pour les consciences. Le catholicisme est né
sans doute pour répandre en tous lieux les mêmes
devoirs et les mêmes vertus : il traverse les régions

barbares et les régions polies ; il passe dans les républiques et dans les royaumes ; il pénètre dans le forum et l'aréopage, et partout il laisse l'empreinte de ses lois divines et de ses célestes enseignements. Mais si l'on considère les causes humaines qui peuvent l'établir plus ou moins profondément dans les mœurs des peuples, il faudra bien convenir que la monarchie est l'espèce de gouvernement qui tient les hommes le mieux disposés aux vertus qu'il commande. Comment son humilité et ses habitudes de soumission et de douceur pourroient-elles long-temps compatir avec la violence des passions démocratiques et les fougueux emportemens d'une liberté qui sacrifie à ses triomphes la justice publique et tous les droits des particuliers ? Rien n'est plus vrai ni plus sensible que les rapports de la monarchie avec le catholicisme, et les philosophes savent bien comme nous que l'un et l'autre s'affoiblissent également par l'invasion des constitutions nouvelles que l'esprit du siècle propose aux nations comme une règle sûre de commandement et un moyen d'indépendance. Qu'on ne nous montre donc plus ces deux puissances comme rivales. Les raffinemens de la théologie ne vont pas à un siècle comme le nôtre, et les esprits disputeurs qui fouillent dans les vieux livres des arguments sur le pouvoir spirituel et sur le pouvoir temporel, devroient s'apercevoir que de telles dissertations tendent à séparer d'intérêt deux pouvoirs dont la nature est d'être unis, et qui le sont assurément dans la haine

des révolutionnaires. C'est au contraire une grande
politique que celle qui met la monarchie sous la
sauve-garde du catholicisme ; et tant que le catholicisme parle aux consciences, c'est, en effet, pour
leur rendre vénérable la majesté des rois. Il n'y a que
lui qui consacre cette dignité inviolable du souverain ; et, tout en réglant, par son autorité absolue,
les lois et les conditions de l'obéissance dans les
choses qui touchent à la loi de Dieu, il fait du commandement un droit qui oblige les fidèles ; il proscrit
comme un grand crime les révoltes des sujets ; et ce
qu'on redoute de sa part comme une action indirecte
sur la souveraineté, est encore un bienfait de plus,
puisque là où il n'y a pas une règle spirituelle pour
les consciences, il faut, ou bien consacrer la tyran-
nie, ou bien provoquer la rébellion : et c'est la dure
alternative qui reste dans le système des protestants,
et même dans tout système religieux qui s'en rap-
proche par des subtilités quelconques.

Et c'est là qu'on tend avec les constitutions démocratiques. Elles altèrent à-la-fois le dogme catholique
et la monarchie. Elles font entrer dans l'État les
formes d'une liberté ardente qui met toujours en
doute le droit du commandement, et introduisent
dans l'Église le terrible droit de juger, qui détruit
l'unité et la foi, et pousse à la révolte, pour aller ensuite à l'athéisme.

Non, ce ne sont point des puissances ainsi altérées
qui auront la force de s'opposer au mouvement gé-

néral des sociétés , tel que nous avons commencé par
le montrer, et tel qu'il se montre réellement à tous
les observateurs. De telles constitutions affoiblissent
les empires , et sont elles-mêmes une première révolution , qui hâte la révolution universelle que l'on
entrevoit dans les mœurs des peuples. Mettre la royauté
sous la dépendance des multitudes , faire dériver la
puissance des sujets , faire de la souveraineté quelque
chose de capricieux, c'est tout renverser dans le principe , c'est proclamer les révolutions comme une sorte
de droit public, et le désordre comme une liberté.

CHAPITRE VI.

Application des principes précédents à la constitution du Portugal. Coup-d'œil sur ce Royaume.

———

Les observations que je viens d'exposer s'appliquent d'elles-mêmes à tout empire qui vient à se modifier par une constitution démocratique. On voit que ce changement ne peut se faire sans un égal danger pour la royauté et pour la religion ; et il ne faudroit plus, ce semble, de raisonnement pour montrer que le Portugal, à qui on veut faire subir une modification, est jeté, par cet acte de l'empereur don Pedro, dans la carrière des révolutions, carrière immense, dont les bornes se reculent à mesure que l'on fait des progrès, et qui n'offre à la fin que des abîmes. Mais il n'est pas sans intérêt de chercher à comprendre quelle influence ce petit royaume, ainsi remué sur sa base, pourroit avoir sur la politique de toute l'Europe, par son contact avec l'Espagne et ses rapports avec l'Angleterre. C'est l'objet que je me propose dans le reste de cet écrit.

Le Portugal, placé aux extrémités de l'Espagne, et comme sur les confins de l'Europe, ne semble pas appeler d'abord toute l'attention qu'il mérite par les mœurs généreuses de ses habitants et même par les souvenirs de son histoire. On le voit de trop loin, et l'on ne pense pas que son action puisse peser dans la balance de la politique.

Le Portugal fut cependant autrefois redoutable aux grandes puissances ; et, dans ces derniers temps, il eut sa part de gloire aux efforts de la Péninsule contre l'usurpateur, qui avoit aussi foulé son sol. Il n'est ni sans intérêt, ni sans instruction, de monter plus haut dans les histoires de ce Royaume.

Le Portugal fut le premier qui donna le signal de la délivrance des Espagnes, lorsque le joug des Maures pesoit encore sur ce grand pays. Ce fut un François, Henri, comte de Bourgogne, issu de Robert, roi de France, qui aida les Portugais à chasser leurs oppresseurs au commencement du douzième siècle. Voilà comment cette France mêle sa gloire à la gloire de tous les peuples. Partout où il y a quelque grand affranchissement des nations chrétiennes, on y voit briller le nom de nos Rois ; leur sang se reconnoît toujours à quelque dévouement et à quelque sacrifice.

Après cette liberté conquise, le Portugal, devenu royaume indépendant, se gouverna par ses propres lois. La dynastie périt par la générosité du roi Sébastien, que les Jésuites avoient élevé, et qui n'en fut pas moins un roi courageux et rempli de grandes vertus. C'est alors qu'on vit ce pays troublé par les partis, que ne pouvoit dissiper la royauté passagère du cardinal don Henri, et l'Espagne y établit sa do-

mination , jusqu'à cette savante conjuration du duc
de Bragance, un des descendants de la race royale,
qui rétablit la royauté indépendante dans ce pays en
1640. La politique de la France fut peut-être alors
plus loyale que prévoyante ; elle reconnut cette couronne , tandis que l'Espagne faisoit de grands efforts
pour la renverser. Ces efforts purent devenir plus ac-
tifs à l'époque de la paix des Pyrénées , qui laissoit à
l'Espagne toute sa liberté et ses puissantes armées.
Mais Louis XIV n'avoit pas fait la paix pour laisser
dormir sa puissance diplomatique ; Turenne se chargea
de secourir le Portugal par la seule force des conseils.
Il y envoya le comte de Schomberg , qui commanda
sous sa direction , et faillit même lui donner une
reine , Mademoiselle de Montpensier (1), dont l'ambition alors s'élevoit plus haut. Mais la sagesse de
Schomberg suffit à ce peuple , et la paix fut faite en
1667. Il est vrai que l'Espagne y fut encore déter-
minée par la nécessité de porter secours aux Pays-
Bas , conquis aussitôt que menacés par Louis XIV ;
et ainsi l'on peut dire que ce fut à ce grand Roi que
la maison de Bragance dut la paisible occupation
d'un trône qui lui étoit dû.

Toutefois , la politique de l'Angleterre ne tarda
pas à venir s'emparer des fruits de la politique de
Louis XIV ; elle présenta aux Portugais une certaine
communauté d'intérêts commerciaux qui séduisit ce

(1) *Voy.* les Mémoires de Mademoiselle.

peuple, bien que tout l'avantage dût être pour les Anglais. Il y avoit alors trop de grandeur dans les conseils de la France, pour qu'elle pût songer à mettre le commerce en balance avec la politique. Dès ce moment, au contraire, l'Angleterre manifestoit le premier mouvement d'une politique mercantile, aux ruses de laquelle les Rois ne sentoient pas encore la nécessité d'opposer la fermeté et la grandeur de leur sceptre.

Ce fut l'Angleterre qui poussa le Portugal à prendre parti dans la grande alliance qui avoit pour objet de renverser Philippe V; et pour dissiper les troubles et les scrupules de conscience d'une cour qui ne pouvoit avoir oublié les bienfaits de Louis XIV, le cabinet de St.-James lui offrit des traités de commerce, où lui seul encore avoit quelque chose à gagner. Cette influence de l'Angleterre ne fit que s'accroître pendant tout le siècle dernier. On voyoit un royaume fécond en ressources, placé sous le patronage d'une couronne étrangère qui, par sa position, n'avoit rien à promettre à ce pays, mais qui devoit y trouver un moyen de mettre le pied et de s'avancer sur le continent de l'Europe (1).

---

(1) Le fameux traité de *Methuen*, du nom de l'ambassadeur britannique, conclu en 1703, qui fut à la fois traité d'alliance et de commerce, en faisant entrer le Portugal dans la grande confédération contre Louis XIV et Philippe V, paralysa pendant un demi-siècle, au profit de l'Angleterre, l'industrie, l'agriculture, le commerce et la navigation du Portugal. Le seul dédommagement que

En 1761 , la France, qui sentoit ce qu'il y avoit de pernicieux pour elle dans une alliance aussi intime, essaya de la rompre par des propositions politiques dont le but étoit sage, et dont la forme fut téméraire. Pour montrer au Portugal que son intérêt et sa gloire le pressoient à la fois de se détacher d'un peuple qui avoit ruiné son indépendance , et même altéré ses mœurs généreuses , pour en faire une nation mercantile et par conséquent tributaire , il ne falloit pas lui présenter des menaces et lui faire craindre une autre sorte de domination, toujours plus odieuse parce qu'elle est plus sentie , la domination des armes. Le Portugal résista, parce qu'on lui fit peur de l'Espagne ; et lorsque l'Espagne voulut accomplir les menaces de la France, mille causes firent tourner cette guerre au profit du Portugal , qui sortit fier de cette lutte , sans avoir trouvé en lui-même aucun moyen de la soutenir, et qui, dédommagé par cette gloire , sentit moins encore que précédemment le poids de la politique anglaise qui n'avoit défendu sa liberté que pour en devenir toujours plus maîtresse.

On peut dire que depuis cet essai malheureux de la France , qui du moins prouvoit une bonne vue politique , le Portugal n'a plus été en Europe en relation

---

ce pays en obtint, fut une grande diminution de droits sur ses vins à leur entrée en Angleterre, et par suite l'augmentation de la culture de la vigne sur les bords du Douro. Dans ces derniers temps même , les Anglois sont devenus possesseurs réels des vignobles d'Oporto.

qu'avec une seule puissance. Il est resté sans rapports
avec toutes les cours du nord, et même avec celle de
Vienne, qui avoit long-temps partagé dans ce pays la
prépondérance de l'Angleterre. Il n'a conservé avec
quelques puissances que des relations d'étiquette, et
la Russie voulant en 1760 se lier avec ce royaume par
des intérêts commerciaux, l'Angleterre eut bientôt
embarrassé ces négociations, qui furent tout-à-fait
rompues en 1767.

C'est à cause de cette alliance, pour ainsi dire exclusive, qu'on a pu regarder Lisbonne comme une
ville anglaise, et comme une sorte de *factorerie*, où
les commerçants de Londres jouissent de droits et de
priviléges exorbitants, non pas seulement par rapport aux autres nations, mais encore par rapport à la
nation portugaise.

Il ne faut pas croire toutefois que les Portugais
aient toujours supporté patiemment ce joug oppresseur. Il y a eu des moments où l'avidité anglaise ex-
citoit vivement les murmures du ministère portugais
et les plaintes de la nation. Souvent l'irritation s'est
manifestée entre les deux cours, et des embarras de
politique n'ont pas laissé que de se faire sentir; et
bien que la France, sous l'ancienne monarchie, ait
toujours été trop disposée à croire facilement à des
ruptures, dont elle entrevoyoit pour elle de grands
résultats, il n'en est pas moins vrai qu'au fond le caractère national des Portugais se seroit trouvé à l'aise
si on eût essayé de le délivrer d'une domination qui

transforme ce beau pays en une sorte de comptoir anglois.

Rien n'a été changé dans la situation du Portugal, par le cours des événements qui ont remué le monde depuis cinquante ans. Seulement les maîtres de ce royaume, en courant chercher dans le nouveau monde un refuge contre les armes de Napoléon, ont laissé plus paisible et plus sûre l'influence angloise, qui s'y établit en souveraine pendant tout le temps que ce grand dominateur des nations couvrit l'Espagne de ses soldats. Il ne faut pas mettre sur le compte de son ambition toutes les folies de cet homme. Il étoit aussi poussé quelquefois par un instinct de conservation qui ressembloit au moins à de la politique, et qui eût été de la politique en effet dans un monarque légitime et vrai dépositaire des droits de sa couronne. Autrement comment expliquer la témérité de ce soldat qui jetoit ses frères sur des trônes d'un jour, cherchant ainsi des alliances qui fuyoient partout devant lui? Joseph placé en Espagne dut lui paroître un boulevard suffisant contre la puissance de l'Angleterre, et il faut bien reconnoître que cette usurpation nouvelle signaloit encore une pensée politique, qui, bien qu'avec des couleurs d'injustice atroce, n'étoit pas éloignée du vieux système de Louis XIV.

L'Angleterre saisit les conséquences de ce plan, et on la vit aussitôt prodiguer ses forces et ses trésors sur cette terre, où elle n'avoit précédemment envoyé que des marchands. Le Portugal, cependant, regarda cette

cause comme une cause nationale; il leva des troupes
qui défendirent courageusement la liberté du pays ,
liberté vendue à d'autres maîtres , et ils montrèrent
dans les batailles une valeur que de longues habitudes
de soumission sembloient avoir dû éteindre.

Toutefois le Portugal ne parut point dans les stipulations qui suivirent le renversement de Bonaparte;
d'autres négociateurs traitoient en son nom dans les
congrès , et on dut lui faire entendre que c'étoit assez
pour lui d'avoir pris part à la gloire de l'Europe. Seulement l'Espagne ayant restitué à la France la Guyane
françoise par le traité du 3o mai 1814 (1) , le Portugal
réclama en 1815, et voulut avoir le mérite d'avoir
concouru pour sa part à cette restitution , en concédant les droits qui avoient pu être précédemment en
litige par rapport à l'Espagne. Tel fut le rôle du Portugal dans ces grandes révolutions , et l'on pouvoit
bien voir qu'il étoit considéré et qu'il se considéroit
lui-même comme une province angloise , bien plus
que comme une puissance européenne régie par ses
lois et défendue par ses armes.

Les choses étoient dans cet état , lorsque les révolutionnaires d'Espagne firent revivre la constitution
des cortès et mirent le désordre dans toute la péninsule. On sait que le Portugal imita ce mouvement,
mais il n'est pas inutile de rappeler comment se fit
cette imitation. Ce furent deux colonels qui donnèrent

---

(1) Art. 10.

à Oporto le signal de l'insurrection. Une de leurs proclamations présentoit l'état du peuple sous un aspect hideux. « Le soldat portugais, disoit-on, est sur le point de demander l'aumône. » Il y avoit de la vérité dans ce tableau de la misère publique, et il montroit assez que ce n'étoit pas pour lui que le Portugal possédoit des trésors dans le nouveau monde. Du reste ce n'étoit point là une chose nouvelle. Voici ce qu'on lit dans un ouvrage de politique qui paroît avoir été composé sur des documents officiels : « Les troupes peu nombreuses (l'auteur parle de la guerre de 1760), mal payées, mal vêtues, mal armées, plus mal disciplinées, n'étoient qu'un ramas de la lie, de l'écume de la nation; les soldats demandoient l'aumône (1). » La nation à d'autres époques avoit donc aussi gémi dans une misère profonde, et je rappelle ces circonstances pour montrer que d'autres que les Portugais jouissoient au sein de leur nation de leurs ressources et de leur opulence. Aussi les Anglois établis dans le royaume, ne furent pas sans inquiétude sur les résultats d'une révolution qui prétendoit à l'indépendance, et le gouvernement constitutionnel eut besoin quelquefois de les rassurer sur leurs droits acquis. Il est difficile de spécifier de même les sentiments politiques du cabinet de Londres, qui eut l'habileté de ne point se prononcer ouvertement dans toute la suite des événements. D'un côté il semble que le royaume tel qu'il

---

(1) *Politique des Cabinets*, 2ᵉ. vol., pag. 76.

étoit précédemment gouverné par une régence foible et éloignée du souverain , offroit à l'avidité angloise une proie toujours assurée; d'un autre côté il est permis de supposer que Londres ne voyoit pas sans plaisir l'essai d'une démocratie nouvelle qui menaçoit de troubler davantage les affaires du continent , et qui par cela même favorisoit sa politique.

Ce qu'il y a de certain, c'est que lord Béresfort étoit parti de Lisbonne pour le Brésil à la nouvelle de la révolution de Madrid , dont le contre-coup parut devoir se faire sentir dans tout le Portugal; et il faut bien croire que ce voyage se faisoit dans les intérêts d'une révolution analogue , puisqu'on reçut à Lisbonne, à la date du 4 septembre 1820 , la nouvelle que le roi avoit désigné l'archevêque d'Évora, comte de Barbalena, et quelques autres hauts fonctionnaires , membres de son conseil , pour former une commission chargée de pré-parer les mesures nécessaires pour la convocation des cortès (1); or la révolution avoit éclaté à Oporto le 24 août, c'est-à-dire quelques jours seulement avant la dépêche extraordinaire arrivée de Rio-Janeiro. Coïncidence qui montre qu'à des distances si considé-rables on songeoit de même à un changement , et qui jette des soupçons fondés sur le voyage de lord Béres-fort. Au reste, le noble Anglois revint à Lisbonne le 2 octobre avec deux millions et demi pour le Por-tugal ; et ce secours , adressé au gouvernement cons-

---

(1) *Moniteur* du 30 septembre 1820.

titutionnel, annonçoit assez la bienveillance du né-
gociateur et les vues secrètes de la politique angloise.

Ici je ne ferai pas l'histoire des agitations du Portugal et des inquiétudes de Rio-Janéiro, telles qu'on
les peut voir partout exprimées à cette époque. Le
mouvement de Lisbonne avoit ébranlé le Brésil. La
liberté avoit du charme pour tous les esprits, et peut-
être encore quelque influence étrangère se fit sentir
dans le nouveau monde, lorsqu'il fut question d'envoyer en Portugal une autorité qui fût imposante
pour les factieux et vénérable même à tous les sujets.
Il sembloit naturel qu'un des fils du roi Jean accourût
pour sauver Lisbonne. On délibéra en effet si don
Miguel ne seroit pas propre à venir calmer la révolution. Ce jeune prince parut trop indépendant et d'un
caractère trop fier; ce ne sont pas là les hommes
qu'il faut à la politique intrigante de notre temps. Le
roi lui-même partit avec une partie de sa famille, et
vint consacrer par sa présence, plutôt que réprimer,
les désordres de son pays.

Dès le commencement il se forma autour de lui
un double parti. Il avoit prêté serment à la constitution : la reine avoit refusé ce serment. Le roi et la
reine furent le centre de deux politiques contraires.
Les Anglois environnèrent le roi : les Portugais royalistes se rangèrent autour de la reine. D'un côté, on
vit la foiblesse du monarque prêter un voile aux intrigues : de l'autre, la fierté d'une femme, soutenue
par l'épée d'un jeune homme plein d'ardeur, offrir

une espérance aux vrais Portugais. Des révoltes écla-
tèrent ; et à mesure que les troupes françoises s'avan-
çoient vers Madrid, la révolution portugaise s'affoi-
blissoit par le seul effroi de cette marche. Don Miguel
quitta le palais de son père pour se joindre aux troupes
du comte d'Amaranthe, et le parti national se grossis-
soit chaque jour. Enfin les succès rapides du duc
d'Angoulême terminèrent d'un seul coup une double
révolution, et les cortès de Lisbonne disparurent
comme ceux de Madrid, au seul aspect d'un vaillant
prince armé pour la cause des trônes. Toutefois cette
défaite de la révolution présenta ce singulier caractère, que le parti vainqueur ne fut pas celui qui
triompha. La reine fut éloignée du palais de son époux,
et don Miguel fut contraint de voyager dans les cours
de l'Europe. Déplorable destinée d'une nation, de
voir les intrigues étrangères dominer dans les conseils de son souverain, sa famille sacrifiée à la politique, son palais solitaire, et lui-même enchaîné avec
de vains honneurs sur un trône à peine affermi.

D'autres scènes s'offroient au monde. En Europe,
c'étoient de petites factions qui s'agitoient ; dans le
Brésil, c'étoient de grands scandales qui troubloient
la politique. Don Pedro, sous le prétexte de mettre
le pays qui lui avoit été confié à l'abri des révolutions
populaires, avoit brusquement renversé le trône de
son père pour en élever un nouveau et s'y asseoir
hardiment avec le titre d'empereur. Il avoit fait des
constitutions, il avoit réglé les droits de l'empire, il

avoit déshérité sa famille, et tout cela avec une telle assurance qu'on eût dit un père disposant souverainement de sa royauté, et réglant, par une volonté suprême, l'ordre des successions. Içi c'étoit le père qui recevoit de son fils sa part d'héritage. Exemple rare dans l'histoire, et d'un augure toujours funeste! Jean VI ne recueilloit donc de sa vieille couronne qu'une part plus large à la protection insolente de l'Angleterre. Cette usurpation extraordinaire laissoit un libre champ aux intrigues. Et qui racontera les mystères qui aussitôt environnèrent ce malheureux roi? La même influence traversa les mers. Il fallut donner à la révolte de don Pedro des couleurs de légitimité; il fallut lier le père à son fils par des traités politiques et consacrer ainsi la plus odieuse rébellion. Sir Charles Stuart, dont la France avoit éprouvé le caractère dangereux, l'esprit remuant et l'habileté tracassière, passa de Lisbonne à Rio-Janéiro. Il y arrivoit revêtu du double titre d'ambassadeur du roi d'Angleterre et de S. M. T. F. Le premier de ces titres suffisoit à sa mission; le second devoit couvrir ce qu'il y auroit d'odieux dans sa politique. Un traité entre le roi de Portugal et son fils fut le fruit de cette diplomatie, qui alloit détacher un royaume européen de ses colonies pour le fixer davantage dans la dépendance de l'Angleterre. Ce traité, qu'on ne lit pas sans douleur, et qui ressemble à une grande dérision des droits les plus saints, fut publié en Europe au commencement de novembre 1825. Il vint contrister tous les cœurs honnêtes et dévoiler de plus en plus cette politique angloise qui profite également du trouble des familles et de la division des empires. On essaya alors de se consoler de ce scandale, par la supposition d'un traité secret, par lequel don Pedro auroit renoncé, en faveur de son frère don Miguel, à ses droits sur la couronne de Portugal. Mais ces conjectures se dissipèrent bientôt par la considération du puissant intérêt que devoit avoir l'Angleterre à éloigner à jamais du trône un prince généreux et ennemi de toute oppression.

Cependant le roi de la Grande-Bretagne fit suivre bientôt cet acte de sa politique d'un traité public par lequel il reconnoissoit l'indépendance de don Pedro et sa dignité d'empereur (1). D'autres puissances européennes suivirent cet exemple, et entre autres l'Autriche et la France : la première, sans doute par une combinaison de famille, qui dissimule quelquefois les erreurs de la politique (2) ; la seconde, par un entraînement peu motivé, ce semble, et qui lui

---

(1) Il n'est pas inutile de rappeler ici que, dans un article que publia à ce sujet un journal ministériel de Londres, *the Courrier*, (*Quotidienne* du 28 janv. 1826), on ne faisoit point difficulté de proclamer que le traité de don Pedro et de son père étoit le résultat de l'habile politique de M. Canning ; que c'étoit l'Angleterre qui avoit tout préparé et tout accompli, et cela dans l'intérêt de son commerce, etc. C'est ainsi que l'Angleterre se fait gloire de ce qui doit humilier les autres nations.

(2) Don Pedro a épousé une archiduchesse d'Autriche.

donnait le tort apparent de suivre sans dessein les
voies de M. Canning.

C'est au milieu de ces circonstances déjà si périlleuses pour la liberté du Portugal, que le roi Jean VI
expira le 10 mars de cette année. Il avoit établi trois
jours auparavant, pour la durée de sa maladie, une
régence, dont la composition montroit assez que la
pensée angloise avoit animé son dernier souffle. La
reine son épouse étoit encore éloignée des affaires,
c'étoit la jeune princesse dona Isabella Maria sa fille
qui étoit régente. Le prince don Miguel étoit traité
comme un prince étranger; et tandis qu'une frégate
couroit annoncer cette grande nouvelle à don Pedro,
Lisbonne n'avoit pas même un courrier pour la porter
à son frère qui voyageoit alors en Autriche (1). On
redoutoit ce jeune homme, dont on avoit éprouvé le
courage, et l'Angleterre avoit besoin de tout préparer
contre ses prétentions, si elles venoient à lui faire
oublier sa soumission aux dernières volontés de son
père.

Cependant une grande agitation régnoit dans le
Portugal. Chacun examinoit les droits des princes;
et le peuple ne voyoit pas sans indignation l'outrage
fait à la veuve du monarque qui venoit de mourir.
On s'étonnoit que la régence eût été abandonnée à
la princesse qui, par son âge et son caractère, étoit

---

(1) C'est un fait que les journaux ministériels de France ont eu
soin de confirmer, on ne sait pourquoi.

le plus sous l'influence des Anglois. Mais comme, par les traités des deux royaumes, le roi de la Grande-Bretagne *s'engage* à protéger par ses armes *l'indépendance* du Portugal, une escadre angloise s'approcha de Lisbonne, et l'on vit le 11 mars une frégate et plusieurs bricks entrer dans le Tage. Dès ce moment, il fallut bien croire que la couronne des Algarves avoit conservé toute sa liberté.

Deux mois s'écoulèrent dans cette incertitude de la nation portugaise et dans cette humiliation de la famille royale. Enfin don Pedro, empereur du Brésil, vint mettre le sceau à la politique de l'Angleterre. Deux décrets furent envoyés à Lisbonne : le premier confirmoit la régence établie par le roi Jean ; le second amnistioit les condamnés ou détenus pour opinion politique, ou même pour d'autres délits. C'étoit là la popularité dont on cherchoit à entourer l'autorité nouvelle qu'on alloit établir. Et cependant don Miguel restoit exilé ; clémence merveilleuse qui n'a d'exception que pour un frère ! A ces décrets étoit joint un acte d'abdication de don Pedro, en sa qualité de roi de Portugal, en faveur de sa fille, âgée de sept ans, la princesse du Grand-Para, dona Maria da Gloria (1). Toutefois l'empereur annonce dans son décret, que cette princesse doit être fiancée à don Miguel ; et il entend que son abdication n'ait d'effet qu'autant que le Portugal aura prêté ser-

_____

(1) Elle est née le 4 avril 1819.

ment de fidélité à la constitution qu'il va lui envoyer, et que les fiançailles de l'oncle et de la nièce
auront été faites. Tel est le dernier événement qui est
venu se joindre à tous ceux qui ont troublé depuis
plusieurs années l'existence du Portugal. C'est par là
que s'est accomplie la mission de sir Charles Stuart;
c'est lui qui a eu l'honneur de compléter les longues
intrigues d'une politique qui eut toujours pour objet
de tenir dans la dépendance un peuple digne d'une
autre protection. C'est de ses mains qu'on doit enfin
recevoir cette constitution promise, qui arrive au travers des mers, comme un code mystérieux qui va tout-
à-coup lui révéler les droits dont il jouit et le bonheur
qui est son partage.

Toutes les attentions en Europe ont dû se porter
sur cet événement, qui est d'une haute importance
pour la politique des cabinets. Il faut voir en quoi il
a pu exciter ainsi la sollicitude publique, et nous sai-
sirons mieux ensuite quelle sorte de droit l'empereur
don Pedro avoit à venir troubler les nations de notre
continent.

Parlons d'abord de la constitution. Quel que soit
cet acte, que j'aurai tout-à-l'heure l'occasion d'examiner, il est évident, d'après ce qui a été dit sur les
constitutions en général, que ce ne peut être qu'un
présent funeste envoyé au travers des mers au Portugal, et la souveraineté du peuple, sous quelque forme
qu'elle se présente, ne peut jamais enfanter que des révolutions. Voilà donc le Portugal de nouveau lancé dans

la carrière des révoltes et des discordes. Voilà la royauté
dégradée, la religion compromise, les mœurs anciennes altérées, la liberté même détruite. Dès qu'un
principe faux est établi comme le fondement de la
souveraineté, est-ce que toutes les conséquences les
plus mortelles n'en dérivent pas à l'instant? Ceci est
vrai de la république aussi bien que de la monarchie.
Annoncez à un peuple que c'est sa volonté qui est
souveraine, et dites-moi s'il y a aucune force humaine qui puisse l'arrêter sur le penchant du préci-
pice où ce seul mot va le lancer. Et qu'est-ce donc
qu'un peuple que le principe même de son gouvernement pousse ainsi aux fureurs et aux excès? On pourra
croire un instant que le délire qui l'emporte est de la
force ; et, en effet, il brise et renverse tout. Comment
s'en étonner ? Lorsque toute une société se défait, et
que chaque homme suit sa pente, la nature ne peut
rien offrir de semblable à la force de ce torrent. Tel
est un peuple en révolution. Mais qui ne voit que cette
fougue impétueuse doit finir par la foiblesse ? Il n'est
ni dans la nature de l'homme ni dans la nature du
peuple, de vivre ainsi dans le délire; c'est un état de
violence, mais passager, qui laisse après lui la honte
et le trouble. Et tel doit être l'effet d'une constitution
qui ouvre la carrière à la licence. Le Portugal, déjà
affaibli par des discordes récentes, et par une longue
servitude, sera bientôt épuisé par des agitations nouvelles, qui ne feront que donner à l'Angleterre une
autorité plus absolue. Comment ne pressentiroit-il

pas ce résultat du changement qui lui est proposé,
seulement à la main qui est chargée de lui apporter
le présent?

Encore doit-il voir que rien ne sauroit le protéger
contre ces malheurs, puisque le trône ne lui offre
qu'une enfant pour reine et les troubles d'une longue
minorité. En vain l'infant don Miguel voudroit-il opposer aux progrès d'une politique révolutionnaire la
force de son caractère et l'ascendant naturel que sem-
bleroit devoir lui donner sa qualité d'époux de la reine.
Mais cette volonté connue, et ce titre même d'époux
de la reine, toujours embarrassant et difficile à porter,
seroient bientôt un sujet nouveau de difficultés, ou une
source intarissable d'intrigues, au milieu desquelles l'influence angloise essaieroit toujours de se fortifier. Car
c'est toujours de ce côté-là qu'il faudroit se tourner
pour faire triompher le nouveau système. Le nom de la
reine constitutionnelle seroit constamment un prétexte
aux factieux de la nation pour embarrasser les volontés
monarchiques de don Miguel, et un motif suffisant
pour justifier les entreprises des étrangers.

Tel seroit donc l'état d'humiliation où la constitution jetteroit le Portugal, que sa reine, un enfant, ne
pourroit ni le sauver par elle-même des violences des
partis, ni invoquer contre eux le courage de son époux,
et qu'il faudroit que cette nation se dévouât à la dure
nécessité de voir, soit une reine impuissante au milieu des agitations, soit un peuple étranger tenir le
sceptre pour elle, soit don Miguel proscrit s'il vouloit

venger la gloire de sa maison, ou bien son épouse égarée dans les partis populaires si elle vouloit suivre les impressions politiques de son père. Qu'est-ce qu'un tel désordre dans un empire ? et que penser d'un système qui divise les époux sur le trône, qui enfante dans la nation mille partis, et qui, pour comble, livre l'État à des ambitions étrangères ? Il falloit que la politique de nos temps modernes nous vînt apporter ses perfectionnements pour nous montrer de tels exemples. On dit qu'elle a pour objet la liberté des peuples ; ne scroit-ce pas plutôt qu'elle les livre comme une proie aux corrupteurs et aux factieux ? La vraie politique est une politique simple : elle se fonde sur l'équité et le droit. Elle propose aux peuples une liberté réglée, et aux rois une autorité ferme, mais sans violence. C'est une telle politique qui conserve les sociétés : hors de là on ne voit que confusion, et le Portugal, qui en a fait déjà l'épreuve, est menacé de le comprendre encore mieux, s'il ne s'arrête dès le commencement au bord des abîmes où on veut le précipiter.

CHAPITRE VII.

Observations sur la charte constitutionnelle de Portugal.

———

Il faut sans doute justifier les pressentiments que j'ai osé exprimer par suite de l'établissement d'un ordre nouveau de choses dans le Portugal. Je le ferai d'abord par un examen rapide de la charte ; d'autres conséquences se dérouleront ensuite.

J'ai à prévenir ici un grand reproche. Attaquer la charte portugaise, n'est-ce pas manquer de respect pour la charte de Louis XVIII ? on a essayé déjà de montrer quelques rapports entre l'une et l'autre, et par conséquent on doit être tout disposé à regarder comme une violation de la loi française, toute espèce d'examen de la charte de don Pedro. Cela n'est pas raisonner très-juste, mais il ne faut pas trop exiger de la logique des partis. Lorsque d'ailleurs on se résout à paroître dans les combats d'opinions, il faut s'attendre aux calomnies et aux injures ; ce sont là les armes qui décident souvent du gain de ces sortes de batailles, du moins pour quelques jours : car le vrai raisonnement n'est jamais vaincu, et il vient des temps où les peuples s'aperçoivent enfin que des menteurs et des sophistes les ont trompés ; ils s'en aperçoivent aux ruines qui les entourent, et aux calamités qui pèsent sur eux.

Toutefois il ne faut pas laisser aux faux raisonneurs le droit d'identifier ainsi les intérêts d'une révolution qui commence, avec les intérêts d'une grande monarchie qu'un sage roi a arrachée du fond des abîmes. C'est faire un grand outrage à la mémoire de Louis XVIII, que de mettre pour ainsi dire sous le patronage de son nom, la charte envoyée du Brésil sous les auspices de la nation angloise. Il n'y a rien de commun entre la politique de ce monarque, et celle du jeune empereur qui essaie de bâtir deux trônes sur l'usurpation et la souveraineté populaire. Et pour s'en assurer, il ne faut point faire ici un vain parallèle des deux constitutions : qu'on se souvienne seulement de la dignité que mit Louis XVIII dans la proclamation de sa charte constitutionnelle, et du soin qu'il eut d'entourer le trône de France de toute la gloire qui pouvoit lui rester encore après tant de révolutions. Il peut y avoir des dissentiments d'opinions sur quelques concessions que fit le monarque à des idées nouvelles ; mais on ne pourra s'empêcher de louer la ferme délicatesse avec laquelle il conserva intacte la majesté du souverain, jusque dans ces concessions.

Louis XVIII étoit jaloux de la grandeur de son sceptre. Ce n'est point à son esprit élevé que l'on eût fait concevoir la pensée d'humilier le trône devant la souveraineté du peuple. Le trône, au contraire, fut considéré comme la seule et vraie origine de toutes

les libertés que l'on alloit créer. On établissoit une
forme nouvelle pour l'exercice de la souveraineté ; mais
la royauté ne tomboit pas abattue devant la volonté
capricieuse des sujets. Que d'autres voient dans la
charte une conquête violente sur la monarchie, les
royalistes se sont accoutumés à ne la considérer que
comme une grande concession du monarque. Ils ne
préconisent pas la liberté comme un droit du peuple :
ils la respectent comme un présent du trône, et après
cela, lorsque je recherche si la charte portugaise,
dont l'empereur don Pedro a voulu aussi faire un présent à l'Europe, est une libéralité maladroite ou dan-
gereuse, je ne comprends guère comment je pourrois
porter atteinte au respect des peuples pour des institutions que Louis XVIII a fondées comme une li-
mite qu'il s'efforçoit d'imposer aux flots encore gron-
dants des révolutions.

Mais ne voit-on pas l'hypocrisie de ces accusa-
tions ? Tout est hypocrisie dans les discours du parti
révolutionnaire. C'est par hypocrisie qu'il s'est fait le
défenseur de la charte, et l'on sait comment il a fait
souvent éclater son amour par des conspirations armées et des cris de sédition. C'est par hypocrisie qu'il
lie l'existence de la charte à toutes les œuvres de rébellion, et qu'il confond ainsi dans la pensée des peuples les générosités de la monarchie et les usurpations
de la révolte. C'est enfin par hypocrisie qu'il se déclare aujourd'hui le patron de la charte portugaise,
qu'il renversera demain, s'il est le maître. Car cette

charte, toute pernicieuse qu'elle est à la monarchie, renferme encore des choses qui doivent faire frémir un révolutionnaire au fond du cœur, ne fût-ce que cet article, vraiment extraordinaire, de la religion catholique qui est, dit-on, la religion du royaume et la seule qui puisse avoir son culte public et ses temples. Qu'est-ce donc qu'un si grand mystère? Les amis des constitutions ont-ils renoncé subitement à cette tolérance passionnée qui place sous une protection égale le mensonge et la vérité, juifs, protestants, catholiques, toutes les sectes du monde, tous les cultes, toutes les superstitions, l'athéisme même? Prenons ici une grande leçon; elle est faite pour nous instruire, et les rois même pourroient l'entendre.

Non, les révolutionnaires ne renoncent point à leur furieuse tolérance. Mais voici un peuple véritablement étrange au temps des lumières : sa foi s'est maintenue; elle a survécu au ravage des impies. Ce seroit peut-être le blesser dans ce qui lui est le plus cher et le plus intime, que de lui mettre sous les yeux mille religions contraires, également protégées par la loi constitutionnelle. Il faut donc ménager encore cette foiblesse délicate d'un peuple enfant. Les temps viendront. Les progrès seront rapides. C'est beaucoup que de le mettre sur la pente où les nations vont vite une fois qu'elles sont lancées : que cela donc n'empêche pas de louer cette constitution, bien que déshonorée par une concession si lamentable. Voilà la pensée secrète des philosophes et des impies.

Je pourrois montrer dans la constitution portugaise
d'autres articles également choquants pour les opinions révolutionnaires, ne fût-ce que l'article du con
seil d'État et le chapitre des tribunaux ; mais on ferme
les yeux sur ces défauts qu'on déplore en secret.
Qu'est-ce à dire enfin ? Les ennemis des rois consen-
tent-ils à abandonner de leurs exigeances sur certains
points ? qui jamais pourra le croire ? Ne voit-on pas
qu'il suffit du nom de constitution pour les charmer ?
Oui, ce nom même est funeste aux monarchies. Les
révolutionnaires savent qu'avec une constitution ,
quelques principes d'ailleurs qu'elle consacre , on peut
aisément troubler un empire. Il y a loin sans doute des
premiers essais de 89 aux derniers perfectionnements et
aux sanglantes boucheries de 93. Et la constitution des
cortès qui se forma au bruit des Espagnes soulevées
contre un usurpateur, eût-on pensé qu'elle eût pu
quelque jour servir à chasser du trône et à tenir esclave
le roi légitime pour lequel on appeloit une grande nation
à la liberté ? La charte même, il faut bien le dire, la
charte, sans la haute sagesse et sans la glorieuse fermeté de Louis XVIII , eût pu devenir , entre les mains
des séditieux , un instrument de destruction, bien
qu'il n'y eût rien dans cette institution , pas même le
nom , qui dût paroître servir à ranimer les feux tout
récents de la révolution françoise. Il n'en faut pas davantage pour nous expliquer cet amour extrême des
révolutionnaires pour les constitutions modernes. Si
elles sont fondées sur un principe démocratique , la

désolation des États en est une suite : qui ne le voit ?
et si elles renferment quelques principes de conservation, on espère bientôt arriver à les dénaturer par la
violence : de là des tentatives criminelles, et quelquefois des succès trop funestes, puis qu'enfin les peuples
sont toujours prêts à se laisser emporter par la fausse
espérance d'une liberté plus entière.

Or il est aisé de voir que la charte portugaise est
fondée sur des principes qui bientôt donneroient le
moyen d'ôter leur effet à ce petit nombre de dispositions conservatrices qui ont échappé à la préoccupa-
tion du législateur, ou plutôt que la nécessité même
a introduites dans sa constitution. Je ne vais point
analyser en détail tous ces faux principes; il suffira de
peu d'observations pour éclairer sur ce point le bon
sens des politiques.

C'est ici l'application naturelle de quelques-unes
de nos observations précédentes. Les opinions humaines, avons-nous dit, ont été tellement obscurcies
par les sophismes et par l'ignorance, que la vérité,
dans les choses qui touchent au gouvernement des
sociétés, échappe à la plupart des esprits. L'intelligence s'est rapetissée; on ne comprend plus les doctrines qui ne s'adressent qu'à la pure raison. Pour
peu qu'il se mêle de métaphysique dans une question,
elle devient comme un nuage où l'œil ne peut pénétrer.
Il faut que tout soit présenté sous des images grossières et matérielles; autrement tout est mystérieux
et voilé d'obscurités. Demandez aux publicistes du

jour ce que c'est que souveraineté et obéissance : ils
ne le savent pas ; mais comme ils comprennent bien
ce que c'est qu'un gendarme, et un captif, ils disent
que la souveraineté c'est le sabre, et l'obéissance
c'est l'esclavage. Et par conséquent lorsqu'on leur
présente des idées nettes sur la nature du droit et du
devoir, ils n'entendent rien à de tels mystères, et
ils repoussent les plus simples notions de vérité sur
ces grandes questions pour s'attacher à des images
odieuses, et se donner un prétexte de tout confondre
à leur tour dans la pensée des peuples.

C'est à cette ignorance des choses fondamentales
qu'il faut attribuer ce besoin de nouveaux principes
en matière de droit social et de politique, qui tourmente la plupart des publicistes, et souvent les gouvernements eux-mêmes. Ils n'ont garde de s'attacher
à de vieilles notions qui leur paroissent monstrueuses,
parce qu'ils ne les entendent pas. Il faut d'ailleurs
céder à l'emportement des idées populaires. La notion de la souveraineté n'entre pas aujourd'hui dans
les esprits. Mais il est plus facile de comprendre la
force : la force se rend visible, elle frappe les sens.
L'image d'un peuple et d'une assemblée qui fait des
lois n'est point une vaine abstraction. La volonté
universelle, ou la majorité des volontés, voilà qui est
clair pour tout le monde ; il ne s'agit que de compter.
Il faut donc s'attacher à ces notions exemptes de
métaphysique et d'obscurité...... Je pourrois bien
m'arrêter un moment et demander de nouveau à ces

hommes positifs comment la majorité des volontés
établit le *droit*, c'est-à-dire, enchaîne la conscience,
ce qu'il y a de plus libre dans l'homme; comment le
peuple est *souverain*, comment la loi, c'est-à-dire
l'obligation d'obéir, dérive de la volonté du grand
nombre, qui est aujourd'hui différente de ce qu'elle
étoit hier, de ce qu'elle sera demain; comment la
minorité est tenue, non par la force, mais par le
droit, d'obéir à ce qu'elle a reconnu injuste et oppresseur. Mais passons. Ces grands esprits entendent
cela. Et après tout les cent mille bras du peuple législateur et souverain sont tout levés; il n'y a pas de
raison qui tienne contre cette forte logique.

C'est donc parce que les hommes grossiers et stupides croient entendre ces notions matérielles du
droit, qu'on éprouve le besoin d'innover dans l'établissement des principes qui doivent régler le gouvernement des empires. De là cette précipitation avec
laquelle on court après les constitutions populaires.
Il ne faut point d'autre explication pour faire comprendre l'origine des graves erreurs qui distinguent
la charte du Portugal.

On le voit dès le début. Il faut que don Pedro parle
du fond de son empire du Brésil pour apprendre à
ces bons Portugais *qu'ils forment une association
politique, qui est un royaume, et qui est de plus une
nation libre et indépendante* (1). Ils ne l'entendroient

_____

(1) Art. 1er. Le royaume de Portugal est l'association politique de

pas peut-être, si on ne leur offroit l'idée d'un royaume
sous cette image d'une association d'individus, qui
sont une nation. C'est ainsi que dans ce siècle on
présente toujours la société. Ce n'est point un être
moral, c'est une agglomération d'êtres isolés. Ce n'est
point un ensemble de lois, d'habitudes, de mœurs,
de croyances, de culte ; c'est un assemblage de citoyens qui peuvent n'avoir rien de commun entre eux,
ni besoins, ni pensées morales. Et comment donc,
pourroit-on se demander, un tel assemblage est-il
un royaume ? Le mot de royaume réveille pourtant
une pensée d'unité. L'empereur don Pedro ne se doute
pas d'une telle doctrine, qui a peut-être quelque
chose de tant soit peu métaphysique. Je ne sais pourtant ce qu'il auroit à répondre aux Portugais qui
forment cette nation libre et indépendante dont il
est question dans la charte, s'ils s'avisoient de dire
qu'une nation libre et indépendante ne sauroit être
un royaume, parce qu'un royaume suppose un roi,
et qu'un roi suppose un commandement, et qu'un
commandement suppose une obéissance. Quoi donc !
est-ce qu'un royaume exclut la liberté ? Voici les furieux
et les stupides qui reparoissent avec leurs idées confu-
ses de souveraineté et de servitude. Je n'ai pas à leur
répondre. Je dis seulement que les Portugais de l'association politique, qui peuvent avoir, tout comme d'au-

---

tous les citoyens portugais. Ils forment une nation libre et indépendante.

très, leur manière d'entendre la liberté et l'indépendance, pourroient fort bien assurer don Pedro, qu'une
nation libre et indépendante ne peut être à-la-fois un
royaume soumis à un roi; et je ne sais quelle interpréta-
tion de son article premier ce souverain constitutionnel
auroit à envoyer à ces peuples pour leur faire entendre cette royauté et cette indépendance'. Lorsqu'une
nation se met une fois à raisonner, on sait qu'elle
va vite dans les conséquences. Il faut donc éviter de
lui poser de faux principes.

On croira peut-être que la nation sera arrêtée
lorsqu'elle lira, à l'article 4, que *son gouvernement
est monarchique, héréditaire et représentatif.* Cela
seroit surprenant; car au contraire la nation libre et
indépendante auroit peut-être lieu de s'irriter davantage, en voyant qu'on impose à sa liberté un gouvernement quelconque. Mais passons vite sur ces
contradictions. Voici en vérité des choses plus graves.

J'ai dit qu'on n'entendoit plus dans ce temps l'i-
dée de souveraineté ou de pouvoir, en voici bien la
preuve. Le pouvoir de soi est un, et ne sauroit être
divisé. Il y a dans toute société un commandement
et une obéissance, autrement on ne peut concevoir
que le désordre. Or le commandement, à le considérer dans sa source, c'est-à-dire dans le droit du
souverain, ne sauroit jamais être entendu que sous
une notion d'unité. Comment imaginer plusieurs com-
mandements, c'est-à-dire plusieurs raisons d'obéissance? Cela passe toute intelligence. Dans la société

on voit bien plusieurs forces diverses, qui sont mises
en mouvement selon les rapports des sujets qu'il
s'agit de régler, et l'on entend que la force militaire
qui exécute est distincte du pouvoir judiciaire qui
interprète et applique les lois. Mais il est bien évident
que ces diverses actions dérivent uniquement d'une
même autorité, de celle qui préside au gouvernement
et à la conservation de la société. Quel chaos s'il y
avoit une souveraineté pour faire des lois, une autre
souveraineté pour les appliquer, une troisième pour
les exécuter par la force! Quoi! le siècle a fait assez
de progrès pour n'entendre pas de si simples notions!
Non, en vérité, il ne les entend pas.

Art. 10. « La division et l'harmonie des pouvoirs
politiques, dit don Pedro, sont le principe conservateur des droits des citoyens et le plus sûr moyen de
rendre effectives les garanties que leur offre la constitution. »

Art. 11. « Les pouvoirs reconnus par la constitution
du royaume de Portugal sont au nombre de quatre :
le pouvoir législatif, le pouvoir modérateur, le pouvoir exécutif et le pouvoir judiciaire. »

Voilà donc la souveraineté divisée, c'est-à-dire la
voilà détruite. Qu'est-ce qu'un empire, qu'est-ce
qu'une nation où il y a quatre pouvoirs distincts? Je
ne parle pas en particulier de ce pouvoir nouvellement
inventé, qu'on appelle modérateur. Je l'abandonne
aux épigrammes de ceux qui sont assez heureux pour
pouvoir rire des contresens et des fautes des législa-

teurs et des rois. On n'auroit jamais cru, après tous
les essais qui ont été faits dans notre vieille Europe sur
le gouvernement des sociétés, qu'il nous viendroit une
découverte semblable du nouveau monde : les journaux libéraux ont eu raison de dire que nos gouvernements sont déjà bien loin de la perfection qu'une
sorte d'instinct a fait découvrir à ces publicistes à
peine sortis du fond des déserts.

Que devient donc la royauté dans cette division
subite de la souveraineté? On lui fait la même grâce
que les révolutionnaires de 91; elle reste armée du
sceptre, comme ces licteurs de Rome qui marchoient
devant les consuls, pour exécuter les ordres du sénat
et les volontés du peuple. Mais le commandement,
qui le conserve dans l'État? Où trouve-t-on enfin la
souveraineté? « Les représentants de la nation portugaise, ajoute la charte, sont le roi et les cortès
générales. » Qu'est-ce à dire, sinon que c'est la nation qui est souveraine? Nous voici tombés dans toutes
les chimères d'une démocratie insensée. Je ne veux
point ici les combattre par la raison ; les grands politiques du jour entendent d'ailleurs cette souveraineté:
cela suffit. Mais enfin c'est cette souveraineté qui
opprime les rois et les met à mort; c'est elle qui renverse tout dans la société; qui disperse les familles ou
les extermine sur les échafauds; et tout cela se fait
justement, puisque les rois sont ses représentants, et
par conséquent elle peut les juger; et si elle juge [les
rois, à plus forte raison les amis des rois : et tout cela

est rigoureux, et après qu'on a posé de tels principes, je ne sais comment on espère trouver dans la morale des raisons de condamner les plus affreuses violences. Le raisonnement est sans force contre de telles absurdités. Mais ce qui reste toujours monstrueux, c'est qu'elles descendent du sommet de la royauté; voilà ce qui doit confondre la raison humaine.

Pour savoir mieux, au reste, que ce n'est plus le roi qui est souverain dans le royaume de Portugal, il faut consulter le titre de la charte qui traite du pouvoir législatif.

Si la souveraineté se manifeste par un exercice réel, c'est bien sans doute par le pouvoir de faire des lois. Dieu règne sur la conscience par les lois qu'il lui impose; il est souverain parce qu'il est législateur. Il en est de même des rois; ils règnent par les lois, et s'ils n'étoient point les auteurs des lois, ils ne seroient plus rois, ils ne seroient que des instruments plus ou moins vénérables de l'exécution des lois que le vrai souverain auroit commises à leur défense; et c'est justement l'étrange abaissement de la majesté royale qui se remarque dans la charte de don Pedro. Ce sont les cortès qui font les lois; et qu'on ne parle point de la sanction du roi et de son *veto* absolu : ce sont là de grandes dérisions ajoutées à la ruine réelle de la souveraineté. Mais quoi ! n'est-il pas évident que cette souveraineté passe tout entière dans les cortès ? Ce sont les cortès qui reçoivent le serment du roi; chose nouvelle dans l'histoire de

toutes les nations, où l'on voit les rois jurer devant
Dieu, seul Souverain, et réveiller par cet exemple
dans l'esprit des peuples de grandes pensées sur la
dépendance, qui soumet tout, rois et sujets, à ce
grand Monarque. Ce sont donc les cortès qui font
l'office de la divinité par leur puissance suprême; ce
sont les cortès qui nomment et établissent les ré-
gences, et fixent leur autorité; qui, pendant la minorité, font les lois et les interprètent, les suspen-
dent et les révoquent; qui veillent à la garde de la
constitution, et pourvoient au bien général de la
nation; qui fixent annuellement les dépenses publiques; qui accordent ou refusent l'entrée des forces
étrangères dans l'intérieur du royaume ou dans ses
ports; qui règlent enfin tout ce qui est relatif à l'administration de l'État, soit dans la paix, soit dans la
guerre, et qui, par conséquent, exercent dans sa
plénitude la souveraineté. Qu'est-ce donc, encore
une fois, que ce droit de sanction abandonné au roi
comme une vaine dépouille de son ancienne autorité? On diroit ces mêmes lambeaux de pourpre et ce
sceptre de roseau qu'on voit dans les saintes histoires,
et qui devoient aussi marquer une royauté déchue
aux yeux d'un peuple égaré et soulevé contre Dieu.

Dans tout ce qui est relatif au pouvoir législatif, à
ce pouvoir vraiment souverain, le roi ne paroît que
comme une ombre. « Art. 45. La proposition, l'opposition et l'approbation des projets de loi, appartiennent à chacune des deux chambres. » Cela veut

dire sans doute qu'elles n'appartiennent pas au roi.
Entendons l'article suivant. « Art. 46. Le pouvoir
exécutif fait faire par l'un ou par l'autre des ministres
d'État la proposition *qui lui appartient* dans la for-
mation des lois ; et, seulement après avoir été exa-
minée par une commission de la chambre des députés, *dont cette proposition doit émaner*, elle
pourra être convertie en projet de loi. » Il est, en
vérité, désirable que le *Moniteur* se soit trompé en
publiant ce texte si extraordinaire ; mais, tel qu'il
est, et autant qu'on peut le comprendre avec une
forte tension d'esprit, il me semble que c'est la moquerie la plus amère qu'on puisse faire de ce pouvoir
exécutif, à qui *la proposition appartient*, tandis que
la *proposition doit émaner de la chambre des députés.*
Vit-on jamais une telle confusion d'idées ?

Il semble que la manie de faire des constitutions
ne devroit pas dispenser de mettre de l'ordre dans le
langage, et de lui conserver cette dignité qui annonce
au moins la méditation. Quoi qu'il en soit, voilà toujours le roi, le pouvoir exécutif, cet instrument de la
souveraineté constitutionnelle, placé hors de l'action
législative ; il sanctionne la loi, c'est quelque chose,
mais n'est-ce pas quelque chose de pernicieux ? Cette
loi qu'il sanctionne sans l'avoir préparée, sans en avoir
conçu l'ensemble, ou prévu les effets, est peut-être
une loi mortelle. Les majorités peuvent varier, elles
peuvent tour-à-tour se porter à des systèmes de législation plus ou moins conformes au bien de l'État. Le

roi aura-t-il toujours assez de pénétration pour sonder
les pensées qui ont présidé à des conceptions de lois
pernicieuses? Et quand cette sagesse lui seroit donnée
d'en haut, aura-t-il assez de force pour empêcher l'effet des mauvaises lois ? On dira que son refus de sanc-
tionner la loi a un effet absolu. Mais le roi qui dans le
système nouveau est seulement un nom vénérable
dans l'État, agit par le conseil et sur la responsabilité
de ses ministres. Ses ministres, entraînés peut-être par
le torrent des majorités, voudront-ils porter la responsabilité de ce refus absolu dont on flatte la royauté ? Si
la terreur les pousse à obéir à la volonté des chambres,
que devient, je le demande, cet ombre de roi, ce
pouvoir exécutif, avec sa sanction et son *veto*? Non,
jamais il n'y eut de plus grande et de plus mortelle
dérision de la royauté, que cet établissement de pouvoirs nouveaux dans l'État, où on la voit obligée de
fléchir devant la volonté de deux chambres souverai-
nes, sans force pour se défendre contre leurs invasions,
sans force pour les protéger elles-mêmes contre l'emportement des multitudes.

Voici pourtant un pouvoir modérateur que l'on re-
met aux mains du monarque. Qu'est-ce que le pouvoir
modérateur ? Don Pedro, grand législateur du nouveau
monde, va nous le dire. « Art. 71. Le pouvoir modé-
» rateur est la clé de toute l'organisation politique. »
Il faut avoir beaucoup de génie pour imaginer de telles
vérités, et comment s'étonner après cela que le siècle
qui les accueille en battant des mains, n'entende pas

la politique de M. de Bonald et de M. de La Men-
nais? Ces publicistes du moyen âge ont du chemin à
faire avant d'arriver à ces neuves conceptions. Ache-
vons. « Le pouvoir modérateur est la clé de toute
» l'organisation politique, et appartient primitivement
» au roi, comme chef suprême de la nation, pour
» qu'il veille continuellement sur le maintien et la
» conservation de l'indépendance, l'équilibre et l'har-
» monie des autres pouvoirs. » Le roi, donc, a la clé de
l'organisation; on ne pourra pas dire qu'il est tout-à-
fait dépouillé. Mais qu'est-ce que cet insigne nouveau
de sa Majesté? et qu'en fera-t-il ? On veut qu'il conserve l'indépendance de la nation, et l'équilibre des
autres pouvoirs. Un pouvoir qui est une clé ne suffit
pas pour cela, pas plus qu'une définition métaphysique, absurde et niaise. Est-ce donc pour montrer la
décadence de l'esprit humain que l'on abaisse les
grandeurs du trône? On ne sait en vérité s'il faut dé-
plorer davantage cette triste humiliation des rois, ou
cette honteuse abjection de la raison; les novateurs
se vantent de conduire le monde à de grands perfectionnements; il suffit d'avoir conservé quelques saines
pensées pour voir que ces progrès sont plutôt un retour
à la barbarie, et il semble que Dieu veuille ainsi punir
les peuples, en couvrant leur esprit de ténèbres, à
mesure que leur orgueil se glorifie de conquérir la
science et la liberté,

Il est superflu d'examiner en quoi consiste l'exercice de ce pouvoir modérateur si hardiment inventé, et

si singulièrement défini. Il ne faut pas non plus perdre son temps à parcourir les articles du titre spécial
qui est consacré au pouvoir exécutif. Quels que soient
les privilèges qui paroissent conservés au monarque,
on voit toujours qu'il est exclu de la souveraineté
royale, et il n'en faut pas davantage pour regarder
toute cette construction politique comme un édifice
ruineux qui doit tôt ou tard tomber faute de base
profonde et solide. Le Roi reste comme l'instrument
d'une souveraineté qui est hors de lui. Sa volonté est
nulle dans le gouvernement de l'État ; et bien qu'on
lui laisse le droit de nommer les pairs, les juges, les
conseillers d'État, les ministres, les autres fonctionnaires, on voit bien toujours que la vraie action qui
préside à la marche politique du royaume part d'un
principe étranger ; que ce sont les cortès qui possè-
dent la royauté ; qu'elles l'exercent même sur le roi ;
que les ministres du roi sont indépendants de sa volonté ; qu'ils la peuvent et qu'ils la doivent même
toujours soumettre à celles des chambres (1) ; que
le roi enfin est un spectre de roi dans le royaume,
sujet de tous, et vrai jouet d'un peuple à qui on
laisse la vaine image d'un trône et d'un sceptre d'or,
tandis que la royauté est foulée aux pieds et rem-
placée par la formidable royauté de la multitude.

Il y auroit en vérité bien d'autres contradictions
choquantes à remarquer dans la constitution de

---

(1) Voyez le titre du pouvoir exécutif.

don Pedro. Mais on n'en finiroit pas, d'analyser ainsi
une charte qui comprend huit titres et cent qua-
rante-cinq articles, avec trente paragraphes addition-
nels. Le premier de ces paragraphes s'exprime ainsi :
« Aucun citoyen ne peut être obligé de faire ou em-
pêché de faire *une chose quelconque*, sinon en vertu
d'une loi. » Jamais législateur n'avoit jusqu'ici posé
un tel principe de droit social. Il faut espérer après
cela que le Portugal aura soin de rédiger un code de
lois qui embrasse toutes les actions humaines, depuis celles qui touchent à la tranquillité de l'État,
jusqu'à celles qui n'intéressent que la politesse : autrement il faudroit craindre que la barbarie ne fît bientôt
irruption dans ce pays civilisé. Le moyen en effet
de maintenir ces convenances sociales, cette honnê-
teté extérieure, ce respect des choses et des hommes,
qui annoncent proprement *l'humanité*, dans un pays
où un citoyen brutal, un constitutionnel furieux peut
mettre sa grossièreté sous la protection de la charte.
Ce sera vraiment une civilisation curieuse et une politesse admirable, que celle qui pourra être contrainte en vertu de la loi. Il faut espérer que la première éducation des hommes qui jusqu'ici a été réglée par le caprice des maîtres et des pédants, sera
aussi modifiée par suite de ce principe de droit, et
les jeunes constitutionnels du royaume des Algarves,
auront beau jeu pour s'affranchir de la volonté pesante qui déshonore partout ailleurs les premières
années de la vie humaine.

Après ce principe général de droit, vient le principe de la liberté de la presse. Ceci est plus sérieux;
et j'ai déjà montré comment ce droit politique peut
devenir funeste dans nos sociétés modernes, quelque
soin que l'on ait d'annoncer d'avance que l'abus de
la liberté sera réprimé par des lois. La charte portugaise déclare en effet que l'abus sera puni; mais
qu'est-ce que cette déclaration? et qui d'ailleurs
pourra jamais fixer les limites du droit et le commencement des excès en des matières qui échappent
nécessairement à toutes les définitions des jurispru-
dences? C'est la nature du talent et de l'esprit des
écrivains qui rend plus ou moins inutiles les efforts
de la loi pour saisir les délits et les abus; et tel homme,
avec la finesse de ses pensées et l'habileté de ses ré-
ticences, et toutes ces ruses d'un langage exercé à
l'hypocrisie, pourra soulever les passions les plus
fougueuses, sans danger pour sa sécurité person-
nelle : tandis qu'un esprit grossier, violent et impétueux, tombera sous les coups de la loi, sans avoir
produit aucun effet sur le peuple par l'exagération
emportée de son éloquence. Quoi qu'il en soit, voilà
la liberté, et on saura bientôt, dans le Portugal, si
la foi, si la piété, si l'amour du prince, si le respect
des devoirs, si les bonnes mœurs peuvent long-temps
résister à l'épreuve cruelle de ces combats de la parole qui mettent tout en doute dans une nation.

Mais, dira-t-on, le législateur a dû pourtant avoir
la pensée de mettre la religion de l'État sous une pro-

tection spéciale, puisqu'il va jusqu'à poser en principe l'intolérance de toute autre religion publique
dans le royaume. Si le législateur a été sincère, on
ne peut voir dans cette sévère manifestation de sa foi
qu'une contradiction de plus, puisque cette religion,
qui, d'un côté, règne seule, avec des honneurs ex-
clusifs, est exposée, d'un autre côté, à de dures at-
teintes par la liberté qui est donnée à tous les esprits
de publier toutes leurs pensées. N'insistons pas sur
cette contradiction manifeste; en voici une autre qui
se montre d'elle-même, sans qu'il soit nécessaire de
la démêler par des raisonnements. En effet, après que
cette religion exclusive est proclamée par l'article 6,
on voit dans un paragraphe de l'article 7 : « Sont
citoyens portugais.... les étrangers naturalisés, quelle
que soit leur religion. » D'où il suit qu'il peut y avoir
en Portugal plusieurs religions, lorsque, d'un autre
côté, il est posé en principe qu'il ne peut y en avoir
qu'une. On a donc bien de la peine, dans ce temps-
ci, de ne pas tomber dans les contradictions; il ne
faudroit pas, du moins, les rapprocher de la sorte.
Et ce que je dis ici n'est point pour marquer que le roi
doit être oppresseur des consciences, mais pour
montrer que cette concession d'une religion exclusive
a été sinon une grande hypocrisie, du moins comme
une nécessité arrachée par l'état présent des mœurs
portugaises, laquelle doit laisser aux impies toute
leur sécurité, et aux révolutionnaires toutes leurs
espérances.

Terminons cet examen. Quelque rapide qu'il soit, il montre encore que cette charte dont on fait grand bruit dans les deux mondes, est une œuvre mal conçue et un présent funeste à la monarchie. Les sociétés ont besoin d'être gouvernées par des règles sûres et selon des principes de raison éternelle. Dès que les gouvernements se fondent sur des doctrines insensées, qui ne voit qu'ils manquent de base et qu'ils peuvent crouler au moindre choc? Il n'y a que la vérité qui soit un véritable appui aux institutions humaines; car elle seule ne meurt pas dans le monde. Les révolutions se succèdent et précipitent les empires. Mais la vérité survit aux désordres, et la paix ne se rétablit que lorsque les peuples l'appellent à leur secours et abjurent à ses pieds leurs erreurs. Que l'on invente donc des constitutions absurdes; que l'on tourmente les nations dans leurs habitudes morales, pour les faire plier à ce mode unique de gouvernement; que l'on se glorifie de quelques essais qui ont résisté un jour ou deux au bon sens. La vérité n'est point mortelle, et il y a une vérité politique, comme il y a une vérité morale et une vérité religieuse, ou plutôt c'est la même vérité, laquelle triomphe à la fin, par l'excès même des égarements des hommes. Aussi ne faudroit-il guère s'étonner, quand même la charte du Portugal pourroit s'établir sans violence. Le désordre a ses voies marquées, et ses degrés ne paroissent pas d'abord très-rapides. La France sait par quelles vicissitudes on passe des premiers essais d'une révolte dans

les derniers malheurs de l'anarchie, et comment
on retourne ensuite à l'ordre par le despotisme.
Plaise à Dieu que le Portugal, royaume tranquille et
digne d'être heureux, ne passe pas par ces nouvelles
épreuves! L'Angleterre, qui cherche à s'étourdir sur
ses dissensions et sur le germe révolutionnaire qui se
féconde tous les jours dans son sein, fera sans doute
des efforts pour soutenir cette entreprise, qu'elle seule
a conçue dans l'intérêt de sa puissance. Il faut penser
pourtant qu'il y a dans le monde une puissance plus
forte que celle de l'intrigue et de l'industrie, et il
seroit trop cruel de voir que le mensonge et les absurdités peuvent avoir quelque autorité durable sur la
terre, pour peu qu'ils soient appuyés par les navires
et par la diplomatie d'un peuple qui se joue de tous
les droits.

CHAPITRE VIII.

De l'intérêt des Puissances, et principalement de l'Espagne
et de la France, au sujet du Portugal.

On aura trouvé peut-être quelque sévérité dans
tout ce qui a été dit précédemment par rapport
à l'Angleterre. L'histoire, plus sévère que la politique, confirmera un jour de tels jugemens sur cette
nation extraordinaire, qui mêle à des vertus privées,
dignes d'admiration, des vices nationaux dignes d'un
blâme éternel. Respectons le caractère personnel
des Anglois, mais ne soyons pas trompés par les intrigues de leur politique. La France, cette constante
rivale de l'Angleterre, lui doit des souvenirs touchants
de reconnoissance; c'est elle qui a accueilli nos princes,
et qui a consolé dans le malheur la noblesse et le sa-
cerdoce exilés. C'est elle aussi qui a le plus contribué
au renversement de l'oppresseur qui écrasoit notre
pays. Voilà la part honorable de son histoire dans ces
derniers temps. Après cela, il seroit permis d'examiner si le cabinet de Londres n'a pas cherché ses
intérêts propres plus que les intérêts de l'équité, lorsqu'il a si constamment lutté contre Bonaparte, cet
homme si redoutable qui lui fermoit toute l'Europe.

Il seroit permis encore de demander si sa première
pensée a été de restaurer parmi nous la monarchie des
Bourbons, telle qu'elle s'établit miraculeusement et
d'elle-même au premier bruit de la chute de l'empire.
Et à ce sujet il y aura quelque jour plus d'un mystère
à révéler, et l'histoire aura ses jugements à porter sur
toute la conduite politique de l'Angleterre en présence
de nos calamités révolutionnaires; sur la première
proclamation des Cortès au milieu du peuple espagnol,
tout occupé à secouer le joug de l'usurpateur et à
défendre le trône de Ferdinand; sur les événements
du midi en 1814, lorsque la France se prononça pour
un prince dont les armées empêchoient la reconnoissance; sur ceux de l'île d'Elbe en 1815, lorsque
Bonaparte, confié à la garde d'une flottte angloise,
s'échappa de sa retraite et vint encore troubler sa
patrie; et enfin, sur tous les actes récents et publics
de cette politique qui se hâte de reconnoître partout
les révoltes et les républiques, sans égard pour les
alliances des souverains, ni pour le droit public de tout
l'univers (1). Mais il ne s'agit ici que du Portugal, et

---

(1) Le document qui révèle le mieux la politique toute maté-
rielle de l'Angleterre est la réponse de M. Canning à une note
de l'ambassadeur de S. M. Catholique à Londres, au sujet de la
reconnoissance des gouvernements de l'Amérique espagnole.
M. Canning y disoit expressément que ce n'est pas en vue des
droits de la légitimité et des titres de la maison de Bourbon que
l'Angleterre a fait la guerre à la révolution. Si la république et
Bonaparte eussent offert des garanties suffisantes aux intérêts bri-

ce n'est pas être injuste ni exagéré que de montrer la
domination que l'Angleterre chercha toujours à exercer sur ce pays, sous les simples apparences d'un commerce qui, pour elle, est toujours de la politique.
Par cette domination, si pesante pour les Portugais,
l'Angleterre pénètre dans le continent, d'où la politique devroit toujours la bannir. Peu satisfaite d'y être
en quelque sorte établie par la souveraineté qu'elle a
créée dans les Pays-Bas, elle y veut dominer par un
certain droit de suzeraineté sur un pays qui la met en
contact avec l'Espagne et lui donne un rapport de
plus avec les affaires générales. On devroit bien faire
attention à cet esprit d'envahissement qui se glisse
dans les états à l'aide de vaisseaux marchands, au lieu
de s'y avancer avec des vaisseaux de guerre. Le résultat est toujours le même pour les pays, qui finissent par s'apercevoir trop tard qu'ils ont ouvert leurs
barrières à une puissance qui les dévore par ses alliances et son amitié. « L'esprit de rapine, dit-on
dans un ouvrage déjà cité, et qui, publié en 1793,
présente cependant toute la sagesse et *tout l'esprit
national* des temps monarchiques, l'esprit de rapine
est le caractère de ce peuple. Il le développe ouver-

---

tanniques, le cabinet de Saint-James n'eut pas balancé à reconnoître la république avec son comité du salut public, et la souveraineté d'un soldat corse violateur de tous les droits. On se souvient de l'indignation que produisit ce document, publié en 1825
par tous les journaux. Le parti révolutionnaire seulement trouva
cela très-juste et digne de ses sentiments *nationaux*.

lement en temps de guerre , et le déguise en temps
de paix sous des prétentions exhorbitantes dont l'objet
est de frauder impunément les droits des souverains,
d'obtenir partout la préférence sur leurs propres sujets , ou de les associer à ses contraventions; enfin de
faire à main armée la contrebande dans les quatre
parties du monde (1). » Le Portugal ne résista jamais
à cet esprit de domination , même lorsque sa puissance dans le nouveau monde sembloit assurer en Europe son indépendance. Comment donc pourra-t-il
aujourd'hui se tenir à l'abri , avec sa constitution qui
ouvre le champ aux factions , et avec une reine et
une minorité qui n'offrent que des chances de misère et de foiblesse? Précédemment la domination
angloise se cachoit sous le voile d'une bonne amitié :
aujourd'hui elle pourra prendre le caractère d'un
vrai patronage , et l'on peut bien après cela se demander si l'intérêt de l'Europe peut souffrir de tels
agrandissements , sous des noms quelconques , dans
une puissance qui couvre les mers de ses vaisseaux,
qui pénètre dans les terres Indiennes , où elle compte
des millions de sujets; qui a recueilli dans les Amé-
riques et dans toutes les mers du Sud les débris de
nos colonies et des possessions de l'Espagne; qui do-
mine partout par le commerce lorsqu'elle ne règne
pas par les armes; qui se joue des alliances de l'Europe , suivant que son avidité aperçoit ailleurs de

----

(1) *Politique des Cabinets*, tom. II , pag. 92.

l'or et des débouchés; qui consacre par des traités
toutes les révoltes ; et qui profite enfin du respect
que les peuples conservent encore pour les droits acquis, pour tirer quelque avantage des constitutions
nouvelles qui les renversent. Qu'on appelle, si l'on
veut, du nom de génie cette suite d'idées et cette té-
nacité de volonté qui va constamment droit à un même
but : il n'en est pas moins évident que l'Europe fidèle
à une politique juste et honorable, ou même simple-
ment fidèle à ses intérêts, ne peut voir sans scandale ou
sans effroi un agrandissement si monstrueux. Ce seroit
se mettre hors de la politique, que de rester simple-
ment spectateur des progrès toujours nouveaux d'une
seule puissance dans tout le monde; et les rois ne
sont pas rois pour se tenir ainsi en repos, lorsqu'il
s'élève autour d'eux des ambitions capables de re-
muer un jour leurs empires, ou d'imprimer aux peuples une funeste direction.

Mais entre les puissances de l'Europe il en est deux qui
sont principalement intéressées à arrêter dans son principe la révolution qui promet à l'Angleterre un agrandissement nouveau, et aux autres peuples de nouveaux
troubles. Ce sont l'Espagne et la France. Il ne faut
pas dans le temps où nous sommes introduire des
chimères dans la politique, et sans doute il seroit in-
sensé d'offrir à l'ambition de l'une ou l'autre de ces
puissances, l'espérance de dominer sur le Portugal de
la même manière que le cabinet de Londres. L'Espagne, dans les circonstances où elle se trouve, doit

songer à d'autres moyens de prospérité; et si elle put
en d'autres temps établir en ce pays l'autorité de son
nom , son ambition doit être aujourd'hui de se tenir
ferme dans ses limites, et à l'abri de toute influence
étrangère. Quant à la France, elle ne peut songer
davantage à établir son ascendant dans un pays qui
est sans relations essentielles avec elle, et que tout
éloigne de notre domination. Ces illusions ambitieuses
purent séduire un instant un puissant roi comme
Louis XIV; encore sa vraie pensée ne dut jamais être
que d'attacher le Portugal à son alliance, pour le séparer de l'Espagne avant qu'il fût maître de ce dernier pays , par l'établissement de son petit-fils; et
ensuite de l'Angleterre, lorsque la politique de l'Espagne fut identifiée avec celle de la France, par le
pacte de famille. C'est bien aussi de cette pensée qu'il
faudroit de plus en plus se rapprocher, à mesure que
l'Espagne acquerra de la force, et que la France
grandira dans l'Europe par ses ressources si fécondes.
Mais nous n'en sommes pas à ce point où notre politique nous puisse permettre de concevoir des espérances dignes de faire suite au système de Louis XIV.
A la place des intérêts positifs qu'un gouvernement
fort et solidement établi pourroit apercevoir dans ses
rapports avec le Portugal, il faut aujourd'hui considérer des intérêts purement moraux, mais qui touchent de plus près encore à la prospérité de l'Espagne
et à notre sécurité. Il faut donc parler de l'influence
que la révolution du Portugal peut exercer sur la Péninsule.

Souvenons-nous que ce royaume a été naguère désolé par une révolution semblable , qui y a laissé des
traces profondes par les souvenirs des factions qu'elle
y a fait naître. L'amour de la liberté , telle que les
séditieux l'offrent à l'ignorance des peuples avec ses
désordres et ses excès est un feu terrible , qui est toujours prêt à se rallumer et à faire de nouveaux ravages. La France l'a éprouvé. Ce bruit des cortès
assemblés à Madrid , ce spectacle des agitations du
peuple , ce langage violent et impétueux qui va droit
aux passions , cette apparence de mouvement et de
vie dans une nation réveillée de son repos , tous ces
exemples de vengeance populaire et cette haine du
pouvoir , produisoient dans toute la France un mouvement frénétique , et une certaine ardeur à peine
contenue au fond des cœurs , mais qui se faisoit jour
par des rébellions isolées , par des conspirations par-
tielles et le déchaînement des opinions contre l'autorité légitime. Le nom sacré du Roi , le dévouement
des gens de bien , la fidélité des soldats , et peut-être
aussi un certain souvenir des calamités de 93 , qui ,
quoi qu'on fasse, se rend toujours présent à l'esprit des
plus égarés , arrêtèrent la contagion au pied des Pyrénées. Le Portugal et Naples ne furent pas aussi
heureux. La constitution des cortès fut proclamée dans
ces deux royaumes. D'autres états furent de même
ébranlés. Une seule révolution avoit mis en fermen-
tation toute l'Europe, et cela devoit être ainsi dans
un temps où les peuples sont liés entre eux par une
civilisation extrême , qui rend toutes les idées com-
munes à tous les peuples , qui offre à la révolte d'une

province des alliés et des auxiliaires dans le monde entier, qui fait qu'un mouvement imprimé sur les confins de l'Europe se communique soudainement aux extrémités opposées, passe les mers, et court agiter les rivages de l'Atlantique et troubler les vallées jadis paisibles des Cordillières et de l'Orénoque.

Ce que la révolution d'Espagne produisit subitement en France et en d'autres pays, sera de même produit par toute révolution semblable, et doit l'être par conséquent par celle de Portugal, si elle vient à s'accomplir. On peut en juger par le tressaillement subit qu'elle a excité dans les cœurs révolutionnaires. Les journaux dévoués à cette cause se sont trop pressés parmi nous de faire éclater leur joie. Ils ont donné le signal d'un grand danger. Il est grand en effet pour l'Espagne, où vivent encore, quoique assoupies, toutes les animosités de trois années de discordes. Ce voisinage d'une révolution opérée par une volonté royale, seroit un appel constant aux passions qui ont failli renverser le trône de Ferdinand. Et quelle force pourroit s'opposer à cet entraînement, si l'exemple trouvoit encore une fois des imitateurs ? Bientôt l'Espagne seroit en feu. Ce pays extraordinaire, théâtre des grandes vertus et des violentes passions, nous donneroit des spectacles de désordres tout-à-fait inconnus ; et l'imagination s'effraie à la pensée d'une insurrection possible au milieu de ces hommes ardents qui pourroient attaquer le trône avec la même fougue qu'ils mettroient en d'autres temps à le défendre.

Il ne faut pas avoir une politique bien perçante pour comprendre qu'une révolution à Lisbonne rend inévitable une révolution à Madrid. A présent, suivons l'enchaînement des événements, et nous verrons bientôt la France soulevée par de tels exemples. Il seroit inutile de se faire illusion sur l'état moral de nos opinions. Il y a parmi nous de quoi faire triompher successivement les partis les plus contraires. Depuis la souveraineté du peuple jusqu'à la souveraineté du Roi, chaque opinion a en France une force réelle et très-active. Catholiques, protestants, déistes, athées; voilà pour la religion : royalistes, bonapartistes, républicains; voilà pour la politique : et tout cela est vivant parmi nous, et il ne faut à chaque doctrine qu'une volonté ferme et habile pour la faire dominer sur toutes les autres.

La contagion d'une révolution peut donc aisément nous surprendre; elle trouvera chez nous des esprits tout prêts à la seconder. Voilà par conséquent notre repos encore troublé; voilà de nouvelles terreurs, de nouvelles discordes; et en accordant que l'autorité royale ait acquis assez de force pour réprimer les séditions, voilà du moins l'État ébranlé, et le Roi contraint de déployer sa force et d'exercer des actes de justice, lorsque tout sembloit promettre une longue paix et un avenir plein d'espérance et de douceur.

Je m'arrête à la France, bien qu'il me fût facile de montrer l'Europe tout entière agitée par des commencements de discordes, d'abord indifférents, ce semble, à la sécurité des États lointains. Tout le

monde d'ailleurs entend ce qu'il y a de commun aujourd'hui dans les événements de la politique pour
tous les peuples du continent ; et quand il n'y auroit
point d'autre indice de ce lien moral qui attache toutes
leurs destinées, que l'allégresse des hommes de la révolution, au récit d'une constitution nouvelle qui
prend naissance parmi l'un d'eux, cela suffiroit encore pour éclairer les puissances et déterminer leurs
résolutions.

Ainsi donc il y a une raison commune pour tous les
États, d'opposer leurs alliances à l'invasion de la constitution envoyée du fond du nouveau monde au Portugal. Et cette raison toute puissante existe indépen-
damment de l'intérêt purement matériel que les rois
peuvent avoir à contenir dans de justes bornes la domination de l'Angleterre. Ici je n'appelle pas des dissensions et des guerres. Je montre des raisons de politique au dessus de toutes les ambitions ; et quand
bien même l'Angleterre seroit indifférente aux changements qu'on veut opérer dans le Portugal, ils n'en
seroient pas moins graves pour toute l'Europe, qui sans
doute a quelque intérêt à se défendre contre l'invasion de l'anarchie et contre les fureurs d'une *liberté*
plus redoutable mille fois que les dominations étrangères et les agrandissements d'un État quelconque.

CHAPITRE VIII.

Du droit de l'Empereur don Pedro, par rapport au Portugal.

———

Mais n'est-il donc pas permis d'examiner quel est au fond le droit du prince qui compromet ainsi toutes les souverainetés de l'Europe? C'est en vérité une grande merveille de voir l'empereur don Pedro expédier des extrémités du monde une constitution qui vient troubler l'harmonie des États, et agiter les rois sur leurs trônes. Ici je suppose que le roi de Portugal, à quelque distance qu'il soit placé de son royaume, fût-il jeté dans les déserts les plus profonds et les plus lointains, conserve tous ses droits sur sa couronne. Cependant on ne gouverne pas aujourd'hui un empire, comme s'il étoit isolé du reste du monde. Il y a des relations tellement nécessaires entre tous les États, que la politique d'un peuple touche essentiellement aux intérêts de tous les autres; et s'il est dans tous les temps absurde de supposer que la souveraineté donne le droit de bouleverser un pays, en y établissant des lois contraires à l'ordre et à l'éternelle justice, il faut bien reconnaître, à plus forte raison, qu'elle ne donne pas celui de troubler les em-

pires voisins, et de jeter dans l'ensemble des sociétés
des semences de discordes et de révolutions, en faisant sortir les sujets des voies naturelles hors desquelles ils sont pour eux-mêmes une occasion de ruine,
et pour les autres un exemple de sédition et comme
une provocation toute vivante à l'anarchie.

Il faut ou bien renoncer aux liens que la civilisation a formés entre les empires, ou bien admettre en
principe que ces liens établissent entre eux de nouveaux devoirs et de nouveaux droits. Au commencement de la guerre d'Espagne, on disputa long-temps
sur le droit d'intervention, et la question ne fut obs-
cure que parce qu'on la présenta sous un faux jour.
Non sans doute, dans un état de choses bien réglé,
l'intervention ne peut être considérée comme un
droit. Mais le désordre est une exception; et bien
que les révolutionnaires répètent, après Jurieu, que
le peuple peut se faire mal à lui-même, s'il le veut,
il faut reconnoître qu'un peuple en révolution est hors
de toutes les lois de la politique. Quelle cruauté ce
seroit de dire, en contemplant ce peuple qui se déchire de ses propres mains, qu'il a le droit de se détruire, et qu'on n'a pas le droit de le sauver ! Non-
seulement la raison dit que l'intervention est un droit,
mais elle dit encore qu'elle est un devoir. Elle est un
droit, parce que la nature commande à l'homme, et
que la raison commande aux sociétés de se défendre
contre les dangers; et elle est à-la-fois un devoir,
parce que la raison et la nature commandent de

même de porter secours aux furieux qui s'arrachent
la vie. Qu'on ne dispute donc plus sur le droit de
l'intervention, ou bien je demanderai aux politiques
qui le nient de m'expliquer le droit de la guerre, en-
visagé en lui-même, droit bien plus mystérieux en
vérité, et qu'il faut bien pourtant reconnoître, à
moins de considérer les hommes réunis en société
comme des êtres féroces, et poussés aveuglément par
une force secrète qui leur fait un besoin de la destruction. Le droit de la guerre est le droit de défendre
la société. Or, la société est le but et la perfection
même de l'homme. Il semble donc que le plus grand
attentat possible, c'est d'attaquer la vie d'une société
toute entière ; et voilà pourquoi la société, lorsqu'elle
se défend, ne le peut faire sans mettre en mouvement
ce qu'il y a de plus redoutable dans les puissances du
génie humain. La guerre, c'est-à-dire la destruction
et la ruine de la puissance qui attaque une société,
est donc une chose juste, quoique effrayante pour la
raison. Donc il faut considérer dans la guerre, les
agressions qui la rendent légitime ; et si cette règle est
hors des contestations, il faut bien dire aussi qu'il y a
des agressions de diverses natures et qui donnent à
la guerre divers caractères. On verra qu'il y a des
agressions qui vont droit à la destruction ou à l'af-
foiblissement d'un empire par la force ouverte : on
leur oppose alors des guerres véritables qui peuvent
aussi aller à la ruine de ceux qui attaquent. On verra
de même qu'il y a des agressions qui ne se font que

par le renversement des lois politiques, et par une sorte de provocation aux discordes civiles et à la rébellion; et la guerre alors sera noble et grande: ce sera une protection plutôt qu'une défense; on accourra chez ce peuple furieux pour le désarmer; la guerre enfin sera la paix, et c'est le droit de l'intervention.

Pour revenir au Portugal, je ne décide point qu'il faut se précipiter et lui montrer encore le drapeau de la légitimité. Je dis qu'il est exposé à se mettre dans une de ces circonstances graves où l'intervention est un droit : car sa constitution, si elle est admise, menace les peuples, trouble l'harmonie des sociétés européennes; elle est enfin une agression. Et pour compléter cet ordre d'idées, on peut alors demander quel a pu être le droit du prince qui est venu jeter ce désordre dans notre Europe. Sa position est vraiment remarquable. Il envoie à travers les mers cette constitution à un peuple qui lui est comme étranger, qui lui est à peine connu, qui est placé pour lui comme dans un autre monde; il ne s'inquiète pas des relations de ce peuple avec ses voisins, il ne sait si ses intérêts politiques vont en être altérés, ni si l'Europe effrayée ne s'armera pas contre ce nouveau scandale. Peut-être des guerres intestines et des guerres étrangères viendront-elles dévorer à-la-fois la nation dotée de ce doux régime de la liberté. Qu'importe à ce prince libéral? Roi constitutionnel d'un jour, demain il aura abdiqué sa couronne. Que dis-je? à l'instant même où il promulgue sa constitution, il promulgue aussi son abdication. C'est un article de la charte qui apprend au peuple pour qui elle est faite, que celui qui la fait n'est plus roi! Mais alors quelle autorité peut avoir cet acte d'une royauté qui n'existe plus? Quoi! c'est ainsi que la raison du dix-neuvième siècle entend que doivent être gouvernés les empires! Il y a dans les actes de don Pédro une profonde moquerie de la dignité des peuples auxquels il suppose tant de droits, et le Portugal comprendra sans doute la politique d'un roi qui l'abandonne témérairement à sa destinée, et qui annonce en même temps qu'il va se tenir renfermé dans ses états à deux mille lieues des événements qu'elle peut produire. Peut-être cette conduite étrange eût-elle suffi en d'autres temps, pour porter les peuples et les rois à la regarder elle-même comme une solennelle abdication, et à empêcher l'effet de ce singulier testament politique d'un prince qui, plein de vie, ne lègue que des malheurs à son empire. Il ne m'appartient point, il n'appartient à aucun particulier de trancher une question qui est pour ainsi dire sacrée : je la livre à la méditation des sages.

Il en est une autre que l'on ne peut examiner de même qu'avec une certaine défiance. Don Pedro était-il Roi de Portugal à la mort du Roi Jean VI? Celle-ci est plus grave encore; mais il y a des actes politiques d'après lesquels il est permis de chercher à l'éclaircir. Rappelons les événements.

Il y eut à la date du 7 septembre 1825, un traité

entre l'empereur don Pedro et le Roi son père, par lequel, art. 1er.: *Le roi Jean reconnoît que le Brésil tient le rang d'empire indépendant, et séparé du royaume de Portugal et d'Algarve ; il reconnoît de plus son bien-aimé fils don Pedro comme Empereur, cédant et transférant de pleine volonté la souveraineté dudit empire à son fils et ses successeurs légitimes, S. M. T. F. ne s'en réservant à elle-même que le titre.*

Il ne faut plus ici parler de ce qu'il y a de violent et de cruel dans cette position d'un roi qui est contraint de proclamer l'usurpation de son fils, et de reconnoître en lui cette dignité d'empereur qu'il a ravie aux droits d'un père.

Voici un Empire *indépendant* reconnu ; le Brésil est déclaré séparé du royaume de Portugal. Qu'est-ce que cette séparation et cette indépendance ? Est-elle entendue des limites des deux États ? Ceci est trop puéril. C'est bien évidemment une séparation et une indépendance qui donne à chacun d'eux une existence propre et distincte. Or comment deux États ont-ils leur existence ainsi divisée, si ce n'est par la souveraineté et par les lois ? Peut-on dire de deux royaumes qui sont soumis au même commandement, qu'ils sont *indépendants* et *séparés ?* Cela ne peut s'entendre. Ce qui établit l'indépendance et la séparation de deux états, ce sont, non pas des mœurs et des habitudes distinctes, ni même des lois particulières, mais la distinction de la souveraineté qui fait les lois, et qui tient en main la puissance. Voilà d'abord la pensée qui s'offre à l'esprit au sujet du traité du Brésil et du Portugal.

On voit dans ces stipulations deux puissances dis-. tinctes qui traitent ensemble, et qui se reconnoissent réciproquement indépendantes.

«ART. 2. S. M. I., comme témoignage de respect et d'affection pour son auguste père et seigneur Jean VI, convient que S. M. T. F. prendra dans sa propre personne le titre d'empereur. »

» ART. 4 et 5. Dorénavant il y aura paix et alliance et parfaite amitié entre l'empire du Brésil et les royaumes de Portugal et d'Algarve. Les sujets des deux nations, Brésiliens et Portugais, seront traités dans les États respectifs comme ceux des nations les plus amies et les plus favorisées. »

Rien n'est plus clair : les deux souverainetés sont divisées, et les deux nations ne sont plus que des nations amies, au lieu d'être, comme précédemment, soumises au même sceptre.

Mais dans cet état de choses, l'empereur du Brésil, fils aîné du roi Jean, est-il héritier des droits de son père à la couronne de Portugal? Il semble que cela ne peut être sans choquer toutes les lois du bon sens et les règles du droit. En effet, s'il est possible que la même souveraineté puisse un instant régir les deux empires, leur indépendance respective est par cela même une illusion. Au moment donc où don Pedro est roi, c'est-à-dire à la mort du père, s'il est roi par droit de succession , tout l'ordre établi par les traités est rompu, et l'empire du Brésil retombe dans son ancienne dépendance du Portugal. Que si don Pedro reste empereur , le Portugal alors conserve son indépendance et sa séparation telles que les traités les ont consacrées, et don Pedro ne peut être roi. Il n'y a point de milieu entre ces deux extrêmes , ou bien il faut fouler aux pieds les traités , comme on a foulé aux pieds la justice.

Ces conséquences furent également senties dans les deux mondes , à l'époque des stipulations , et tandis qu'en Europe on supposoit que par une suite de ce traité public, un acte secret avoit été souscrit, par lequel don Miguel étoit reconnu successeur de Jean VI à la couronne de Portugal (1) , dans les Etats-Unis d'Amérique , on regardoit comme une dérision *et comme une grande moquerie*, ce traité d'indépendance des deux empires (2).

Quoi qu'il en soit de ce pressentiment des diverses nations , il faut reconnoître que le traité des deux monarques a un effet perpétuel et constant, et par conséquent sépare à jamais, dans leur existence politique , les deux empires , et par conséquent encore qu'il annule les droits anciens de l'empereur Pedro à la couronne de Portugal , ou bien il faut convenir que

(1) *Courrier* de Londres , 3 décembre , en réponse aux journaux de Paris , qui avoient accueilli ce bruit.

(2) *Gazette* de Washington , citée dans les journaux de Londres , en date du 18 et 19 janvier 1826.

ce n'est qu'un traité passager, qui doit laisser les
choses dans leur état primitif, à la mort du père, et
par conséquent qu'il n'y a plus à cette mort d'empire
de Brésil indépendant, qu'il n'y a plus qu'un royaume
de Portugal, maître des provinces du nouveau monde,
qu'il n'y a plus d'empereur, qu'il n'y a plus qu'un roi.

Don Pedro a tranché la question, en conservant
son titre d'empereur. Donc l'indépendance est maintenue avec la séparation des deux États, et il semble
enfin qu'il faut conclure : donc il n'est pas roi.

Quel est ce téméraire qui ose ainsi parler des couronnes ? Je demande pardon aux puissances ; elles
voudront bien faire grâce à la logique, qui est aussi
une puissance, et les politiques devroient quelquefois
s'en souvenir.

Mais il faut bien, dira-t-on, que le roi Jean ait
interprété différemment son propre traité, puisqu'à
sa mort il a laissé une régence, qui fait supposer qu'il
reconnoît les droits de son fils. Toute cette politique
est-elle donc entourée de mystères, et les intrigues
ne permettront elles pas de percer jusqu'à la vérité ?
Oui, le roi Jean a laissé une régence, et puisqu'on en
veut tirer des inductions en faveur de don Pedro, on
peut d'un autre côté demander, qui donc a présidé à
toute la conduite de cet infortuné monarque ? qui
donc a environné son lit de mort ? Ce n'est pas son
épouse, apparemment, ce n'est pas son fils don Miguel.
La politique angloise avoit rendu son palais désert,
pour y dominer sans obstacle. C'est donc l'esprit de

ce mourant, qui tout-à-coup a trouvé la force et la
sagesse qui annoncent les grandes résolutions, et sa
volonté seule a établi cette régence dont on parle, et
où l'on ne voit les noms ni de son épouse, ni de l'infant don Miguel dont les droits paroissent si vains,
ni même de don Pedro dont les droits paroissent si
sûrs! Qu'est-ce que tout cet ensemble de prodiges?
A la vérité on dira encore que le roi n'établit la régence que pour la durée de sa maladie. Nouvelle moquerie! *La Quotidienne*, qui a saisi avec une grande
habileté tous les fils perceptibles de cette politique de
ténèbres, a fait justement observer, que les dernières
dispositions du roi Jean sont datées du 6 mars, jour
où il reçut à neuf heures du matin l'Extrême-Onction,
et ce rapprochement peut faire comprendre si le roi
étoit maître de ses pensées, surtout lorsqu'on se souvient du genre de maladie qui a désolé les derniers
jours de ce monarque. Et après tout, cette régence
établie pour la durée de la maladie, au moment où le
malade meurt, montre uniquement qu'on avoit besoin de cette formule, pour ne rien décider dans ces
questions délicates de la succession, et on vouloit
avoir le temps de courir à Rio-Janeiro, pour couvrir
les mystères et les intrigues du grand nom d'un empereur. Il n'eût pas été aussi aisé d'établir une régence,
pour gouverner après la mort; car alors il eût fallu se
prononcer sur le droit du vrai successeur. On auroit
vu alors si la volonté du mourant étoit de déshériter

7

don Miguel; chose périlleuse à faire juger, à cé dernier terme de la vie où les volontés sont sacrées. Mais
quoi qu'il en soit de cette politique ambiguë, qui laisse
tout dans le doute, pour avoir droit de tout interpréter
à son profit, on peut dire que ce silence du roi à l'égard
de son successeur laisse au droit toute sa force; et
qu'il n'est pas plus contraire à don Miguel qu'à don
Pedro. Seulement la ruse employée en faveur du dernier par la diplomatie qui s'est faite en Europe son
auxiliaire, répand quelque intérêt de plus sur un
prince qu'on n'a connu depuis quelques années que
par son courage.

Résumons cette question si délicate et si grave. Si
l'empire du Brésil et le royaume du Portugal sont
deux États séparés, ils ne peuvent l'être par la souveraineté distincte qui gouverne chacun d'eux. Donc
il faut à chacun ses souverains, et à chacun encore
ses droits de succession à la couronne. L'empereur
don Pedro a pris sa part de son vivant; le reste de
l'héritage doit écheoir à un autre, à moins que tout ne
soit renversé dans la politique, non-seulement les lois
de la justice, mais cette usurpation même de don
Pedro, qui évidemment ne peut exister si l'on retombe dans le droit ancien qu'il a violé.

Ici je ne chercherai pas à raisonner sur des pièces
inconnues de la diplomatie : il y en a, dit-on, qui
ont réglé le droit de succession des deux couronnes;
on les tient dans le mystère, et on a des raisons pour

cela. Mais, comme on le voit, le bon sens suffit dans certains cas pour établir le droit, et la politique a ses règles qui sont toujours sûres, même quand elles ne sont pas éclairées par les faits.

Que s'ensuit-il au reste des questions que nous avons examinées? C'est que, si don Pedro n'est pas roi de Portugal, les derniers actes de sa royauté sont de vraies chimères, et sa constitution, et son abdication même. Conséquences sérieuses, et qui, sans violence et sans secousse, délivrent le Portugal et l'Europe des agitations que lui promettoit un nouvel ordre de choses fondé sur l'usurpation. Il n'y eut donc jamais d'objet plus digne de l'examen de tous les cabinets de l'Europe, qui ont à défendre les trônes contre tant de périls dont les environne aujourd'hui la démocratie, et à sauver la dignité des monarques des affronts que peut leur faire encore l'esprit d'usurpation qui règne partout à côté des révolutions et de l'anarchie.

CHAPITRE IX.

Quelle doit être la politique de la France dans ces circonstances.

J'ai traité des questions délicates; en voici une plus délicate encore.

Nous vivons dans un temps singulier, où chaque homme est avide de liberté, et où l'intolérance en même temps est poussée au comble. On ne pardonne point à un écrivain d'avoir un opinion , et cependant on proclame la liberté des opinions. Ceci est relatif à tout les objets des disputes humaines, et l'on n'aime la contradiction sur aucun point , ni sur la politique , ni sur la morale , ni même sur les pures opinions des écoles, en sorte que ce siècle de liberté est bien plus véritablement un siècle de domination. On conçoit ce que cette impatience de toute opposition doit apporter de violent et d'amer dans les discussions publiques. La vieille politesse des François disparoît dans ces combats de l'amour-propre. Les personnalités outrageantes, les haines et les vengeances odieuses, une véritable oppression des consciences, voilà ce qui se remarque aujourd'hui dans le monde politique. Aussi ce n'est qu'en tremblant que j'aborde une question où la simple discussion , pour peu qu'elle soit motivée , peut paroître une personnalité ; car le bon sens peut quelquefois ressembler à une injure. Examiner dans un écrit ce que doit faire la France dans les circonstances où se trouve le Portugal , est une liberté que beaucoup de gens prendront pour une témérité insultante pour la France elle-même. Il faut, dit-on , laisser faire les hommes d'État. Certes je n'ai garde de vouloir éclairer leur conduite ; je prétends seulement éclairer ma propre opinion par le raisonnement : c'est un droit qui appartient à tout le monde , et que personne ne peut blâmer lorsqu'il ne s'exerce qu'avec décence et avec modestie. Je veux même en usant de ce droit avouer des choses qui peut être ne seroient point inutiles à considérer pour établir un jour la paix entre les hommes d'État et les politiques spéculatifs : leurs oppositions tiennent en effet à des raisons qu'ils devroient tous peser également. Les uns manient les affaires publiques et sentent la difficulté de les conduire suivant toutes les règles de la politique : les autres considèrent les principes de la politique , et demandent qu'ils soient fidèlement suivis dans la conduite des choses humaines. De là des sources intarissables de division. Les hommes d'État ne peuvent pas sans doute initier les hommes du monde dans leurs grands mystères ; mais ne pourroient-ils pas quelquefois écouter leurs doctrines de justice et de raison ? Les derniers de leur côté apprendroient à leur tour que leur vérité absolue doit céder

quelquefois devant des obstacles inconnus. Voilà, ce
me semble, les moyens de réconciliation; et comme
je les crois possibles, j'en veux faire l'essai. Je suppose
donc que les hommes d'État soient arrêtés par des
difficultés diplomatiques au sujet du Portugal. Mais
cela n'empêche pas que la raison des politiques qui ne
pénètrent pas dans les secrets des diplomaties, ne
puisse développer dans sa rigueur le droit et l'intérêt
des peuples. Il peut même arriver que ces considérations fassent fléchir à leur tour ce qu'on appelle les
raisons d'État, qui sont souvent de grandes foiblesses,
sous l'apparence d'une grande sagesse, comme on l'a
vu dans la guerre d'Espagne, où la droite et juste
raison des simples royalistes fit tomber toutes les oppositions de la politique.

Oublions donc qu'il y a des hommes qui, en présence des événements, examinent ce que peut faire la
France, et examinons plus hardiment, en présence
de l'équité, ce qu'elle doit faire.

Quand je parle de la France, je parle aussi de
l'Europe; car les grandes puissances sont unies par
un droit égal et par un même intérêt.

Nous avons vu que le Portugal en révolution menace tous les autres peuples, et principalement l'Espagne et la France. La conséquence est rigoureuse :
tous les peuples, et principalement l'Espagne et la
France, doivent se mettre dans un état de défense.
Voici une grande occasion de consacrer davantage
cette immortelle union de deux nations, que Louis XIV

soumit, pour ainsi dire, au même sceptre. Il n'est
pas possible d'entendre désormais que la politique
françoise puisse être séparée de celle de l'Espagne.
Long-temps affaiblie du côté du Nord par des guerres
violentes, la France ne peut chercher sa force que
vers le Midi, non par les armes, mais par les alliances : et ces alliances sont naturelles, puisqu'elles sont
formées par la famille. Et d'un autre côté, l'Espagne,
ravagée par les dissensions et par des agressions
cruelles, ne peut aujourd'hui se tourner que vers la
France pour trouver quelque paix et quelques moyens
de ranimer sa vie à demi-éteinte. La guerre faite aux
cortès a montré que les deux nations, long-temps ja-
louses l'une de l'autre, moins par des rivalités de politique, que par des prétentions de vanité ou des que-
relles d'orgueil, ont compris enfin leurs vrais intérêts. On les a vues s'embrasser, pour ainsi dire, aux
pieds d'un même roi ; et, depuis cette époque, les
guerriers françois et espagnols ont presque campé sous
la même tente. Chose nouvelle dans toute l'histoire
d'Espagne ! l'orgueil castillan a cédé à l'instinct de la
conservation ; et ceci est d'un grand augure pour
l'avenir des deux peuples, pour peu que les gouvernements veuillent seconder cette admirable disposi-
tion de leurs sujets.

Dans toute autre circonstance, l'Espagne auroit
pu soutenir sa politique à l'égard des changements du
Portugal : aujourd'hui cette politique a besoin de
l'appui de la France. Les deux États doivent repousser

de la Péninsule des systèmes funestes à l'un et à l'autre. Est-ce par les armes, est-ce par la force de la politique soutenue du droit et de la raison? Je ne le cherche pas. A mesure que les événements grandiront, on verra bien si cette double intervention ne sera pas également nécessaire. On rencontrera sans doute sur son passage la politique angloise avec ses navires; mais où ne doit-on pas la trouver? C'est une politique si adroite à se multiplier, qu'il faut de toute nécessité ou la fuir ou la combattre; car je ne suppose pas que la France puisse jamais la suivre, c'est-à-dire qu'elle puisse jamais dégrader la couronne de saint Louis au point de l'abaisser devant une puissance qui ne règne et ne s'étend que par les divisions des peuples. Une résolution à prendre dans le temps présent est difficile; qui ne le conçoit? mais elle est difficile pour le cabinet anglois plus encore que pour la France, si du moins la Sainte-Alliance vit encore en Europe, ce qu'il faut bien imaginer, à moins de se condamner à désespérer du salut du monde. Or, cette ligue des rois pourroit-elle se refuser à défendre l'Europe contre les révolutions que lui envoie le nouveau monde? L'empereur Nicolas a hérité de la fermeté d'Alexandre, en héritant de son sceptre. L'Autriche, bien qu'attachée à don Pedro par des liens de famille, sent toujours que le devoir de la souveraineté n'est pas moins sacré que les sentiments de la nature. Et après tout don Pedro perd-il quelque chose à ce que le Portugal ne soit point un pays de factions? Si ce

prince est dominé par un grand amour des constitutions démocratiques, il a un libre champ dans son
vaste empire. Et que lui importe le Portugal dont il ne
veut plus? L'Autriche donc n'a pas grand'peine à se
désintéresser dans une cause qui touche à toutes les
monarchies, puisque le prince dont l'alliance pourroit l'arrêter s'est mis lui-même hors de la question
en abdiquant la couronne. Et ainsi la Sainte-Alliance
reste dans son ancienne indépendance en présence de
la révolution qu'on veut opérer en Portugal, et il ne
reste hors de cette coalition de doctrines et d'intérêts
que la seule Angleterre, qui toujours a d'autres intérêts et d'autres doctrines dans les questions qui touchent à la paix des nations.

Il reste donc à savoir si l'Angleterre, dans les circonstances présentes, pourroit se jeter au travers de
la politique européenne, dans le cas où cette politique viendroit à se manifester par des actes de vigueur.
Cette puissance colossale dont on fait souvent peur
aux nations, n'est pas aussi affermie sur sa base qu'on
veut bien le faire croire. Dévorée dans son intérieur
par de sourdes factions, menacée tous les ans par
des crises financières qui mettent en péril toutes les
fortunes, et la fortune de l'État comme celle des particuliers, épuisée dans les Indes par des guerres qu'il ne
seroit point malaisé à des puissances européennes de
faire tourner contre elle, objet d'envie et peut-être
de haine pour cette république des États-Unis qui a
échappé à son despotisme, et dont la puissance pourra

croître encore, l'Angleterre pourroit-elle supporter
aujourd'hui les chances d'une guerre en Europe, et
surtout d'une guerre politique qui armeroit tout le
continent? Il n'y a personne qui le suppose, et l'Angleterre elle-même comprend bien qu'il lui faudroit
renoncer à ses doctrines et à ses vues particulières,
si elle devoit, pour les soutenir, se livrer aux oppositions de toutes les puissances. C'est pourquoi on la
vit, à l'époque de la guerre d'Espagne, s'échapper,
pour ainsi dire, furtivement du milieu de l'Europe, et
annoncer qu'elle alloit contempler les événements.
Cependant elle dominoit alors comme aujourd'hui
dans le Portugal, et elle avoit quelque intérêt à ne
pas laisser la France faire l'essai de ses vieilles armes
et montrer dans les batailles le drapeau de Fontenoy.
Il en seroit de même dans toute circonstance semblable, et c'est une conviction que devroient toujours
conserver les cabinets, même en prenant au sérieux
les difficultés que l'Angleterre ne doit point cesser de
jeter dans leur politique (1).

D'après ces considérations, il faut supposer que la
France peut se montrer de nouveau dans les Espa-

(1) C'est ici le lieu de rappeler ce qu'un ancien officier de la ma-
rine françoise vient de démontrer par de savantes raisons, que,
dans les circonstances présentes, une guerre maritime seroit plus
redoutable pour l'Angleterre que pour la France. Il n'y a que les
politiques libéraux, qui s'appellent aussi nationaux, qui ne soient
point disposés à accueillir de telles raisons ; elles rappellent trop la
vieille gloire de nos armes.

gnes , comme représentant la politique universelle de l'Europe. L'Espagne gagneroit beaucoup à paroître aussi en son propre nom dans cette proclamation des doctrines sociales. Il suffit quelquefois pour redonner de la vie à un empire , de lui faire croire qu'on a une grande idée de sa force. La confiance témoignée par l'Europe à notre jeune armée, a été un grand trait de politique dont on aime à rapporter la gloire au vrai patriotisme de ce noble duc de Montmorency dont le cœur comprenoit si bien les choses géné- reuses. Et l'Espagne, qui échappe avec peine à ses discordes violentes , ne seroit-elle pas orgueilleuse de montrer aussi des soldats à une révolution ? Il y au- roit là de quoi la sauver pour toujours. J'ose penser, et l'on me permettra de dire , qu'une telle politique est digne de la France et du sage Roi qui la gouverne. Les combats sont loin de sa pensée ; mais tout ce qui est grand et magnanime est au fond de son cœur ; et n'y a-t-il pas du moins quelque illusion à imaginer qu'on peut faire revivre quelque chose de ce grand pacte de famille qui unissoit la France à l'Espagne , et affermir davantage les deux couronnes en les cou- vrant d'une gloire commune ?

Remarquons toutefois que toutes ces résolutions sol- licitées par le pur instinct royaliste , ne vont ni à des guerres nationales, ni à des changements dans les systèmes de la politique. Ce seroit un rêve dangereux, ainsi que je l'ai déjà dit, que d'imaginer que la France ou l'Espagne peuvent profiter des troubles qu'une constitution démocratique doit exciter dans le Portugal, pour y établir leur domination ou leur influence. Le seul objet des interventions de l'Europe dans des questions de ce genre, sera toujours de protéger les trônes et non point de les asservir. Il faut que cette politique prévoyante résiste long-temps à tous les désirs ambitieux qui peuvent s'élever dans le cœur des rois, parce qu'ils doivent voir autour d'eux des ennemis formidables dont la ruine leur sera plus profitable que ne le seroit la gloire des plus beaux combats et des plus vastes dominations. Le danger des démocraties a chassé pour long-temps loin de nous l'esprit de conquête : il faut sauver les couronnes, et non point étendre les empires; telle est l'ambition qui reste permise au monarques.

Et c'est aussi dans cet esprit de conservation que l'Europe peut opposer sa politique, et au besoin ses armes, à l'invasion dont elle est menacée en Portugal. Il y a dans le pays un parti *national* qui appelle de ses vœux une telle protection. On la doit à sa fidélité aux institutions du pays, à son amour de l'indépendance, à son patriotisme en un mot; car enfin, ne reconnoîtra-t-on jamais la vraie nation, entre ces hommes qui rompent avec tous les souvenirs, toutes les traditions, toute la gloire d'un empire, pour appeler des changements subits; et les hommes qui restent fidèles aux mœurs, aux lois, aux besoins, à l'honneur de la patrie? Qu'est-ce qu'un renversement d'idées, qui permettroit de croire au patriotisme d'un parti qui vend la liberté du Portugal au commerce de l'Angleterre, et de flétrir de noms odieux les citoyens dévoués au prince, qui mettent les vieilles institutions de leur pays sous la sauve-garde de l'honneur et des armes du monde entier.

Après tout, que les factions emploient ces ruses de langage; mais les rois n'en doivent pas moins reconnoître envers qui ils sont obligés par leur titre même de rois, et si les hommes fidèles à leurs vieux serments n'étoient pas sûrs d'être protégés dans les discordes qui troublent si souvent les empires, que deviendroit la royauté? et quel droit auroit-elle de demander aux sujets des sacrifices et des dévouements? Les hommes ne résistent pas aisément aux impressions que fait naître une simple apparence d'ingratitude. Leur générosité se lasse aussi quelquefois; et il faut prendre garde qu'en comptant un jour les pertes qu'ils auroient faites pour la sainte cause des rois, ils ne fussent exposés à se les reprocher comme une imprudence. Ce seroit bien alors qu'il faudroit désespérer de la société. Car au jour des dangers, quels hommes voudroient se lever pour la justice? On ne trouveroit plus que des cœurs flétris, résignés à leur destinée. Je ne fais point ici l'éloge de l'humanité: je fais son histoire; et bien que le moraliste sache toujours où est le devoir, la royauté doit montrer qu'elle le sait aussi. Elle le doit pour elle-même ; elle le doit pour les peuples : et il n'y a de grands empires que là où les vertus sont toujours sûres de leurs récompenses.

CONCLUSION.

A mesure que je livrois ces méditations à la presse, les événements étoient rapides dans le Portugal. On voyoit un ministère se défaire de lui-même au seul nom de constitution, et un membre, surtout, du conseil de la régence, déclarer ouvertement qu'il ne pouvoit attacher son nom à des changements produits par l'influence de l'Angleterre. On voyoit l'ambassadeur d'Autriche protester contre cette révolution. On voyoit le Portugal s'enflammer, l'armée s'irriter, et en quelques lieux, et surtout à Oporto, tirer l'épée contre la *protection* angloise. On voyoit les cabinets de l'Europe s'alarmer à ce bruit de révolution; l'Espagne se troubler, ses bandes royalistes provoquer des combats, comme aussi ses révolutionnaires ranimer leurs vieilles fureurs, et faire des complots à Bayonne et à Gibraltar. On voyait enfin le cabinet de Londres rappeler précipitamment sir Charles Stuart, comme pour se donner ce prétexte d'apologie, si les événements venoient à se tourner contre la constitution. Chaque jour a apporté quelque modification dans la politique, en sorte qu'un livre commencé avec la proclamation de la

charte , est déjà loin des progrès de l'agitation , seulement après quelques jours que le signal a été donné.
Il ne faut pas penser que l'avenir soit moins fécond ,
et que le calme doive succéder à ce premier tumulte.
Je ne veux point ici faire des prédictions sinistres ;
j'aimerois mieux pouvoir en faire de favorables à la
paix des sociétés. Mais ni les unes ni les autres ne
conviennent à un genre d'écrit où l'on se propose
de discuter seulement des doctrines politiques. Toutefois, après avoir fait pressentir des événements funestes , je veux ici reposer la pensée du lecteur sur
des considérations plus consolantes , en lui exposant
quelques-unes des raisons principales qui peuvent
aussi, après un premier essai de cette charte constitutionnelle , détourner de cette politique libérale les
intérêts de la partie la plus influente de la nation.

Et d'abord , il faut bien avouer , quoique avec un
profond étonnement mêlé d'une grande douleur, que
le Portugal comme l'Espagne offre aujourd'hui ce
rare phénomène d'un peuple dont les hautes classes
se précipitent vers les nouveautés démocratiques , et
dont les classes inférieures restent attachées aux
vieilles mœurs et aux traditions vénérables de la
monarchie. C'est tout le contraire des peuples qui
ont passé par la grande épreuve de la civilisation moderne. Ici c'est la multitude qui veut s'établir maîtresse par des constitutions qui donnent de l'activité
à ses passions. On comprend mieux ce mouvement
des pensées populaires , quelque funeste qu'il doive

être au maintien des pouvoirs de la société. Mais il y a quelque mystère à voir la noblesse d'une nation chrétienne aspirer après la démocratie : seroit-ce donc que cette partie de la nation, plus éclairée, est par cela même plus corrompue ? Quoi qu'il en soit, voilà la position du Portugal ; et c'est aussi, pour montrer en passant deux prodiges semblables, c'est aussi la position lamentable de la Russie, où l'on a vu récemment les grands de l'empire, des hommes polis, des princes, des courtisans, essayer de donner à un peuple simple et fidèle une terrible leçon d'assassinat, au nom de la liberté. Mais les nobles portugais n'auront pas fait quelques pas dans la carrière des révolutions, que bientôt ils s'arrêteront effrayés, soit par l'aspect des calamités politiques de leur patrie, soit par le pressentiment de leur abaissement personnel. Pour comprendre cet effet inévitable de la charte constitutionnelle, il faut avoir une idée juste de la position ancienne de la noblesse et de ses droits acquis, ainsi que de la situation du clergé, dont l'intérêt politique est aussi d'une grande considération dans cette question. Voici à ce sujet des réflexions simples et fondées sur la connaissance des faits. Je les dois à l'expérience d'un ami modeste qui s'est accoutumé depuis long-temps à étudier le droit public de l'Europe, et à suivre gravement la marche probable des événements que les révolutionnaires font éclore avec une affreuse témérité dans tous les royaumes.

« Entre toutes les causes qui doivent nuire à l'éta-

8

blissement de la charte portugaise, ou du moins qui doivent bientôt éclairer sur ses conséquences les classes supérieures de la nation, on doit mettre au premier rang celles qui suivent.

» 1°. Lorsqu'en 1640 la maison de Bragance vint s'asseoir sur le trône à l'aide de la noblesse, le nouveau souverain se crut obligé de récompenser ceux qui l'avaient aidé à s'affranchir de la domination espagnole en leur concédant pour leur vie la jouissance des domaines de la couronne. Les successeurs de Jean IV prorogèrent ces concessions pour deux ou trois vies, en sorte que par des renouvellements continuels de cette faveur, la haute noblesse portugaise s'est maintenue pour ainsi dire héréditairement dans la possession de ces domaines jusqu'à nos jours. Ils forment une grande partie de la fortune de quarante ou cinquante principales familles qui constituent la haute noblesse de ce royaume, et dont va se composer la chambre des pairs. N'est-il pas probable que voulant se populariser sans mettre de nouveaux impôts et subvenir aux charges publiques sans emprunts, la chambre élective se prévaudra du principe de l'inaliénabilité des biens de la couronne pour provoquer la rentrée de tous les fonds ainsi concédés à la noblesse à titre de jouissance indéfiniment continuée ? Et pense-t-on qu'une mesure qui doit appauvrir la majeure partie des membres de la chambre haute puisse y être accueillie sans une forte opposition ?

» 2°. On en peut dire autant des commanderies des

trois ordres principaux d'Aviz, de saint Jacques et
du Christ. Le premier compte quarante-neuf commanderies, le deuxième cent cinquante, et le troisième
quatre cent cinquante-quatre. Ces commanderies,
successivement conférées, même dès l'âge le plus
tendre, aux fils des précédents titulaires, sont deve-
nues comme héréditaires dans les grandes maisons;
leur revenu total s'élève à six millions de francs.
N'est-ce pas une des premières proies dévolues au
système de séquestre et de sécularisation ?

» 3°. Il existe dans les diverses provinces de la
monarchie portugaise cent cinquante familles nobles
qui, n'étant pas appelées à la pairie, vont se trouver
déchues de leur rang et privées de leurs anciens priviléges. Croit-on qu'elles ne seront pas de prime
abord désaffectionnées du nouveau mode de gouvernement, et conséquemment très-opposées à son éta-
tablissement, qui ne leur offrira aucune compensation
des pertes qu'il va leur imposer ?

» 4°. Le clergé portugais n'est pas riche en général.
Cependant il existe un certain nombre d'abbayes mi-
trées ou prélatures. On peut supposer hardiment, et
sans calomnier à l'avance le génie révolutionnaire,
que les biens de ces abbayes, ainsi que ceux des évé-
chés, des chapitres et des ordres religieux, ne tarde-
ront pas à exciter la convoitise et la cupidité des novateurs et des économistes philosophes, qui, en
Portugal comme en France, veulent toujours faire servir l'humiliation du clergé aux progrès de leurs tentatives de philanthropie.

5°. Enfin si l'influence angloise continue de dominer la politique et les affaires du Portugal, il est hors de doute que l'on cherchera, de même que le fit lord Béresford en 1809, lors de la réorganisation de l'armée de Portugal, à y réincorporer des officiers anglois. Le maréchal Béresford y en avoit fait entrer trois cents. Combien n'en résulta-t-il pas de haine, de jalousie de la part des indigènes? Les mêmes causes doivent ramener les mêmes effets. »

Telles sont les raisons clairement déduites, qui peuvent plus tôt ou plus tard arrêter les progrès du régime nouveau par l'intérêt même des classes élevées du Portugal. Ici l'on pourroit aussi considérer l'intérêt de la masse nationale, qui va se voir troublée dans sa sécurité, et blessée dans ses croyances les plus chères. Et pense-t-on qu'un peuple tout entier se laisse ainsi imposer des mœurs et des habitudes nouvelles? Ce peuple, ami de ses rois, doit éprouver une profonde irritation à l'aspect de la famille royale désolée par les dissensions. Il se souvient sans doute des solennelles proclamations de doctrines du roi Jean VI qui, au mois de juin 1824, faisoit à ses sujets la promesse de les tenir à jamais délivrés des innovations révolutionnaires, et de maintenir les institutions du royaume; qui déclaroit en conséquence et d'une manière formelle que *l'ancienne constitution politique étoit en vigueur*, et ordonnoit enfin à toutes les autorités, à toutes les villes et villages, à tous les citoyens, *de se le tenir pour bien entendu.* Est-ce ainsi que la parole auguste d'un roi est aujourd'hui accomplie par

ses successeurs et par ses enfants? La nation portugaise, qui n'entre pas dans toutes les subtilités de la
politique, mais qui est fidèle à la mémoire d'un prince
souvent frappé par le malheur, sentira davantage encore le mépris qu'on fait de ses dernières résolutions,
lorsqu'elle se verra par ce mépris même livrée aux
agitations qu'il avoit voulu prévenir. Ne parlons pas
de l'armée, où déjà se manifestent des partis divers,
et où le nom de l'infant don Miguel excite un certain
frémissement, que celui d'une reine de sept ans
qui grandit loin des regards des sujets ne sauroit
point apaiser. Voilà des motifs légitimes de penser
que la révolution portugaise peut être aisément arrêtée. C'est maintenant à l'Europe à juger si elle ne
doit point ajouter son intervention à ces dispositions
heureuses de la nation, et s'il convient à l'honneur
des rois de voir se former des tempêtes que leur parole seule pourroit dissiper. Rien ne doit surprendre
dans ces temps extraordinaires. Il se pourroit faire
que la politique des cabinets restât immobile en présence d'une révolution nouvelle. Cependant ils ont
reçu de grandes leçons. Le monde tremble encore des
secousses qui l'ont agité; et nous savons par quels
châtiments Dieu venge les scandales offerts par des
monarques qui sont infidèles à leurs propres droits,
et les abandonnent à la fureur des séditions.

FIN.

TABLE

DES CHAPITRES.

———

Imprimerie de Guiffier, rue Guénégaud, n°. 31.

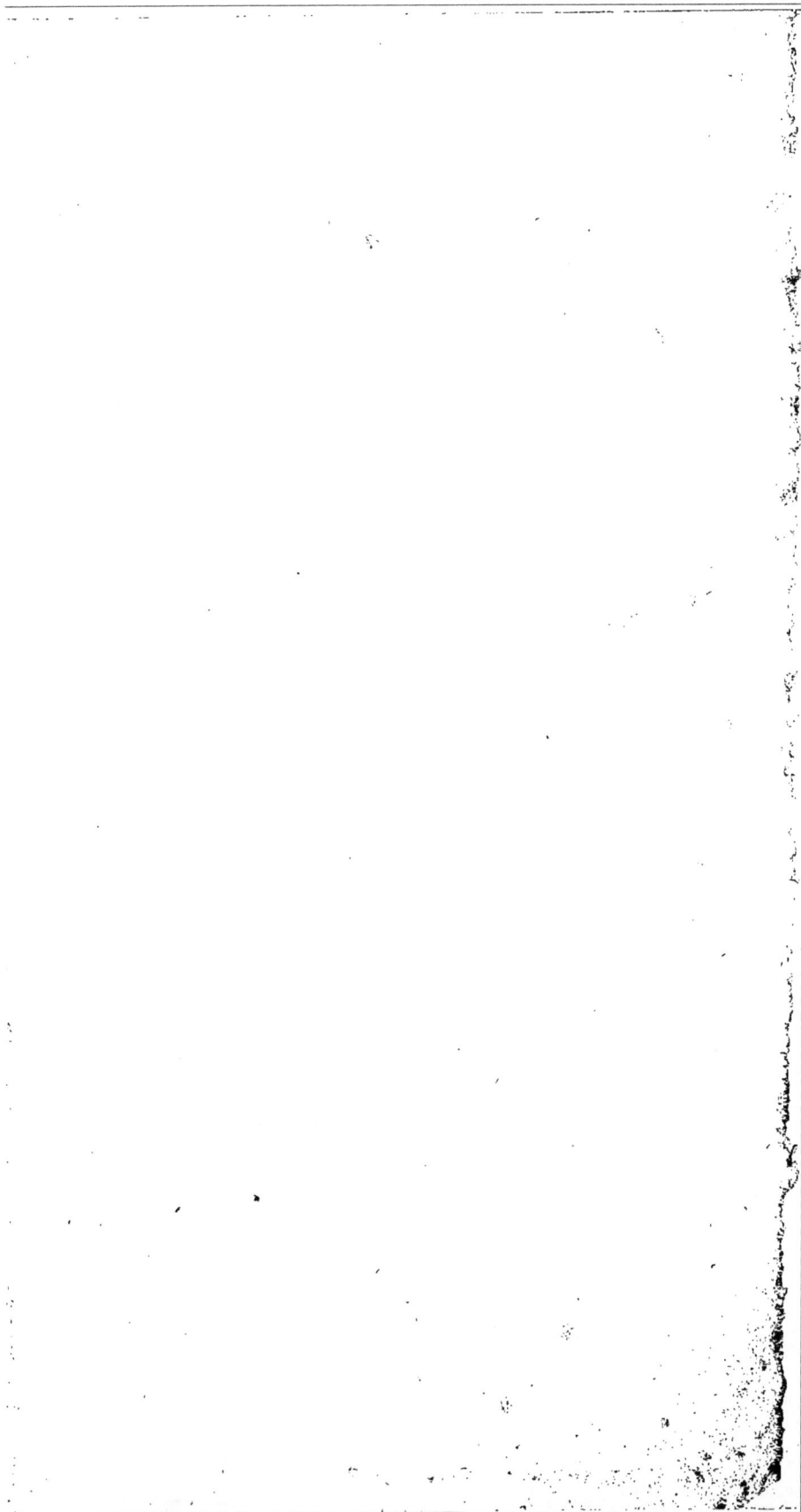

www.ingramcontent.com/pod-product-compliance
Lightning Source LLC
Chambersburg PA
CBHW071200200326
41519CB00018B/5301